静下心来，找回自己

慧闻/著

图书在版编目（CIP）数据

静下心来，找回自己/慧闻著. -- 北京：民主与建设出版社，2016.7（2017.4重印）

ISBN 978-7-5139-1157-3

Ⅰ.①静… Ⅱ.①慧… Ⅲ.①人生哲学 - 通俗读物 Ⅳ.①B821-49

中国版本图书馆CIP数据核字(2016)第141655号

出 版 人：许久文
责任编辑：李保华
版式设计：曹　敏
出版发行：民主与建设出版社有限责任公司
电　　话：(010)59419778　　59417745
社　　址：北京市朝阳区阜通东大街融科望京中心B座601室
邮　　编：100102
印　　刷：保定市西城胶印有限公司
版　　次：2016年9月第1版　2017年4月第3次印刷
开　　本：32
印　　张：7.5
书　　号：ISBN 978-7-5139-1157-3
定　　价：32.00元

注：如有印、装质量问题，请与出版社联系。

序
寂静的力量

佛家修行讲空、讲无。如何空，如何无？能静则空，能静则无。他们打坐、冥想都是为了追寻心中的静和空。对我们每个人来说，寂静是要一直伴随一生的。每个人都是在寂静中历练，在寂静中成长。

以前也听一位师傅说过，种子是因为在土地里，静静地积攒了力量所以才能长高长大、开花结果。每个少年也是都要经历一段默默无闻的求学求知的时间，才能够长大有所作为。就如同，我们看到的武侠小说里面的主人公，想要变强都是要经过几年不为人知的岁月，一个人待着好好练习绝世神功。

也就是说，虽然我们躲不过寂静，但是我们可以在寂静中修行和成长。

经常听一些人说他的理想抱负、讲他的追求，这些或许都是好事，但是重要的是，你要用岁月来完成它。我们都清楚滴水能够穿石，从中得到的启示就是：再怎么伟大的理想和目标，只要你能安静而执着地一步步走向它，终会有完成的一天。

佛家一般很少讲抱负和理想，但是对于纷扰的红尘来说，佛家修行的智慧对世人的影响却是善莫大焉的。想想那些贪官，本来已经有了人生应有的地位，有了一定的经济基础，如果不去贪污，那么一辈子应该能很光彩幸福地过完。可是东窗事发后，该有的都没有了，自己还身陷囹圄，又是何苦呢？当然，不用举极端的例子，就看看周遭人的事情，比如说有人总是抱怨别人，这也没做好，那也没做好，可是福气就在抱怨中慢慢消失掉了。因为大家觉得你既然抱怨，那么你自己去做。需要靠大家的力量来完成的你一个人去做，难免不出差错，可是这错的根源还是来自于你不守内心的宁静，不主动积极地处理问题而一味地抱怨。

　　幸福的家庭里多是宁静祥和的氛围；而那些不幸的家庭，总是有一个人不停地抱怨，这不好那不好，家里一般是吵闹不宁的。而这两种不同的结果都来源于一颗心是否守得了静。

　　历史也证明，大多数取得成就的人，也都是守得住一段寂静时光的人，例如，姜太公在安然钓鱼中积攒了以后辅佐国君的智慧；越王勾践卧薪尝胆后，才有了一雪前耻的决心；大将韩信曾度过一段无人问津甘受胯下之辱的岁月；司马迁身受宫刑后，在寂静中完成了流传万世的巨著《史记》，等等。当然，除过这些经典的史例。我们还能从自己身边那些看似愚笨安静的人身上发现，十年二十年后，他们都取得了很大的成就，生活大有起色，而原来那些人前精明的人，却大部分生活坎坷。

　　佛家说，"禅从静中来"，参禅悟道是这样的，人生也是这样的。如果，你想成长，就多从寂静中悟出道理来吧。我相信寂静中积聚的力量能够为你打败所有敌人，战胜所有困难。

目录

静下心来，找回自己

静下来是一种修行 > 003
有烦心事时，先多往好处想想 ...003
慢下来，才能找到生命的美 ...006
练习静下来是修行，能静下来是福气 ...008

宁静最美，安定最乐 > 011
世人的痛苦，常常是把得失看得太重 ...011
如何才能获得自己内心的宁静 ...015
得失本来自心，看淡失去能避免更多失去 ...018

勇敢能帮你找回自己，收获幸福 > 022
你的快乐，需要敞开心扉 ...022
迷了路，用心寻找方向 ...024
内心宁静，梦想是你的宝贝 ...026

拾取信心，走出迷茫

自信是你人生最好的选择 > 031
  自信因感觉而生，自卑因感觉而灭 ...031
  当你迷茫的时候就是你该改变的时候 ...034
  什么处境下都不能忘了自信 ...036

自信乐观，能帮你跨越千难万险 > 039
  乐观的心态能够帮助你东山再起 ...039
  简单化，能帮你摆脱心灵的污染 ...042
  走出抑郁的阴影 ...045

自信的人生最强大 > 051
  别让自卑绊住脚步 ...051
  跳脱思维定势，定会眼界大开 ...054
  信心强大，你就是巨人 ...056

装得住糊涂，寻得着静处

生活中要学会装糊涂 > 063
　　懂得适时收敛锋芒...063
　　为小事抓狂不值得...065
　　琐碎小事不必太较真...068

用平和的心看世界 > 071
　　让心平和，波澜不惊...071
　　宠辱不惊，做人要稳住心气...074
　　不必在意别人的看法...077

恬静安然是人生最美 > 080
　　无论失意和得意，都请你选择淡定...080
　　成功路上不妨时时来点悠闲...083
　　在心中种一棵"忘忧草"...086

在困境中，不慌不忙变坚强

面对困境不要逃避 > 091

　　逆境中，才能认清自己 ...091

　　社会不会主动迁就你 ...094

　　脚踏实地，不折腾最容易成功 ...096

在困境中不能止步 > 101

　　有压力，才有成长 ...101

　　挫折带来痛苦，痛苦留下教训 ...103

　　在琐碎事中打磨自己 ...105

坚持自我终有收获 > 109

　　一勤天下无难事 ...109

　　扎扎实实地培养自己的本领 ...114

　　用平常心，战败生活中的挫折 ...117

能说服自己的人，才会内心澄净

有一种美叫自知之明 > 123
　　大师的自知之明 ...123
　　和自己的心灵对话 ...125
　　还你心灵澄澈 ...127

你要学会认识自己 > 130
　　生气是拿别人的错误惩罚自己 ...130
　　用自己做镜子，从自己身上找问题 ...133
　　嫉妒是人生的毒药 ...135
　　不要把自己当作大人物 ...138
　　只要能认识自己，便什么也不会失去 ...141

认识自己才能不辜负人生 > 144
　　靠自己拯救自己 ...144
　　突然间，发觉最难击败的对手竟是自己 ...147
　　别让自负提前注定了你的失败 ...149
　　自己觉得幸福才是真的幸福 ...152

在寂静中修行，在孤独中成长

每个寂静的时刻都是成长的时刻 > 157

    时时清扫心灵的垃圾 ...157

    走自己的路，让别人去说吧 ...160

    这一切都会过去 ...163

选择寂静，能帮你克服负面情绪 > 165

    少一分抱怨，多一分自省 ...165

    欲望太盛心难静 ...168

    只要摆脱自卑，你也一定能 ...171

    如何化解人生"七苦" ...173

    学会宽容，忘记仇恨 ...175

    每一个人都值得你尊重 ...178

不怕孤独，能帮你成就未来 > 181

    看清自己，成功不等于成长 ...181

    用专注的心成就你自己 ...186

    你的孤独无人可替 ...187

回归初心,见证人生的美丽

有一颗归零的初心 > 193

  大不了从头再来 ...193

  每天想象自己从零开始 ...196

  试着用一颗童心去感受生活 ...198

  最佳的生活状态是从零开始 ...202

与生活简单相处,阳光生活 > 206

  简单的生活溢满快乐 ...206

  心中有阳光,每天拥有一个全新的太阳 ...210

  关注自己的优点 ...213

  多给自己积极的心理暗示 ...216

失去多少不要紧,要紧的是你要能找回失去的自己 > 219

  社会在前进,心灵却已荒芜 ...219

  心闲岁月长,你要学会忙里偷闲 ...222

  忘记过去,重新开始 ...225

静下心来，找回自己

▷ ▶ 一个普通人,如何闯荡出自己的一片天地?大概这个星球上出生的每个人都有自己的梦想,可是很多人在社会打拼中慢慢会丢失自己的梦想,迷茫迷失,不知道自己为何而活着,甚至于做出来一些违心的甚至违法的事情。因此,想要闯荡出自己的天地,就得先能静下来心,找到存在于内心的自我。

静下来是一种修行

心是心，物是物，心物合一，心物是一。

有烦心事时，先多往好处想想

曾经遇到一个修行者说，他之所以和修行结缘是因为一位大师救了他，如果没有大师告诉他凡事多往好处想想，估计他现在早都不在人世了。

是啊，人生在世，虽然只有短短几十年，却要经历各种好事、坏事，尝遍酸甜苦辣各种滋味。

生活是美好而沉重的。人生有苦又有乐，丰富多彩而又艰难曲折，就像白天与黑夜的互相交替一般。一个人快乐时"春风得意马蹄疾，一日看尽长安花"，连路边的鸟儿都似在为他歌唱，花儿都似专为他开放；痛苦时，落日西风，万念俱灰，睡梦中也在滴泪。

人总是避苦求乐的，都希望快乐度过每一天，但生活本身就充满酸甜苦辣，快乐和痛苦本是同根生。当你快乐时，不妨留一片空间，以接纳苦难；当你痛苦，不妨想到往昔的快乐。

心往好处想，才能帮我们冲破环境的黑暗，打开光明的出路，才能获得更多更大的人生乐趣。在困顿、苦难面前，一味哭丧着脸，除了磨掉自己的锐气外，是不会赚到任何同情的眼泪的。只有颤抖于寒冷中的人，最能感受到太阳的温暖；也只有从痛苦的环境中摆脱出来，才会深深感觉到这个世界的美好。就像火车过隧道，即使在黑暗中，也要看到前方的光明。

两个不同的因犯，从狱中望窗外，一个看到的是冷森的高墙，一个看到的是喷薄的朝霞。无疑，面对同样的遭遇，前者心中悲苦,看到的自然是满目苍凉,了无生气;而后者心往好处想,看到的自然是霞光满天,一片光明。

人生的道路虽然不同,但命运对每个人都是公平的。窗外有土也有星,有快乐也有痛苦,就看你能不能一心只往好处想。

网上流传一个哈佛大学教授蓝姆·达斯讲过的故事说,曾经有一个因病入膏肓,仅剩数周生命的妇人,整天思考死亡的恐怖,心情坏到了极点。蓝姆·达斯去安慰她说:"你是不是可以不要花那么多时间去想死,而把这些时间用来考虑如何快乐度过剩下的时间呢?"

他刚对妇人说时,妇人显得十分恼火,但当她看出蓝姆·达斯眼中的真诚时,便慢慢地领悟着他话中的诚意。"说得对,我一直都在想着怎么死,完全忘了该怎么活了。"她略显高兴地说。

一个星期之后,那妇人还是去世了,她在死前充满感激地对蓝姆·达斯说:"这一个星期,我活得比前一阵子幸福多了。"

"苦乐无二境,迷误非两心",妇人学会了心往好处想,所以便在离开人世前仍能感到一丝幸福,快乐地合上双眼;如果她仍像以前一样,一味想死,那只能是痛苦地离开人世。

心往好处想，不论何时，不论何事，只要活着，就要心往好处想。人生可以没有名利、金钱，但必须拥有美好心情。

心往好处想，再怎么寒冷的冬天，你的内心也会有暖意盎然的春天。

慢下来，才能找到生命的美

经常听到有小孩哭闹撒泼时，说"我不活了"，也有不少夫妻打架的时候，说"不想活了"。我想这些人都没有找到生命的美丽之处，最少在吵架的瞬间他们对生命的感觉是枯燥的。是啊，人生为何而活，生命的美又究竟在什么地方。

据说，在一座县城的寺庙里，有一位老和尚每天天蒙蒙亮的时候就开始扫地。从寺内扫到寺外，从寺外扫到城外，一直扫出离城十几里。天天如此，月月如此，年年如此。小城里的人，天天看见这个老和尚在扫地，有些人从小时候，一直到老,都看见他扫地。老和尚虽然很老了,就像一株古老的松树,不见它再抽枝发芽,可也不见其衰老。

有一天,老和尚坐在蒲团上,安然圆寂了,可小城里的人谁也不知道他活了多少岁。过了若干年,一位长者走过城外的一座小桥,见桥石上镌着字,字迹大都磨损了,老者仔细辨认,才知道石上镌着的正是那位老和尚的传记。根据老和尚遗留的度牒记载推算,他享年137岁。

老和尚度过的寺院岁月,想象起来是不是很美丽。他不仅给小城扫出了一片净土,为自己扫出了心中的清净,也扫出了137岁高寿。至少他用生命的长度,阐述了一种安然度日的禅意。让人觉得生命除过建功立业的伟大意义,还有一种安然度日的美丽。

这种美丽是平和的,是内心的安顺。这也就是儒家常说的"无欲则刚",佛家常说的"身外物,不奢恋"。

据传,军阀孙传芳部队里有一位将军在这小城扎营时,突然起意要放下屠刀,恳求老和尚收他为弟子。这位将军丢下他的兵丁,拿着扫把,跟在老和尚的身后扫地。老和尚心中自是了然,向他唱了一首偈:

扫地扫地扫心地,

心地不扫空扫地。

人人都把心地扫,

世上无处不净地。

这样的偈语,也可以用这样一句话来说明,"如果你一直觉得不满,那么即使你拥有了整个世界,也会觉得伤心。"也就是说,一个人的快乐,它是不依赖于外物的。

如果我们能够尽可能缩小欲望,减少对外物的依赖,我们也可以把生命活得安静美丽。

如果我们追求物质,那么我们所造就的东西将不会在世间留下任何痕迹,而用心造就的美,却并不会随我们的湮没而毁灭。我们的双手会萎缩,我们的肉体会消亡,然而我们所创造的真、善、美则将永垂不朽。

把你追求物质的脚步放慢,你就能听到林间的风声,感觉到海洋起伏的呼吸,就能回答宇宙中所有美丽生命的呼唤。

练习静下来是修行,能静下来是福气

无论在哪里,一个人如果能丢开杂念,就能在喧闹的环境中体会到内心的平静。而该如何练习平静下来呢？有这样的一个故事，说：

有一个小和尚，每次坐禅时都幻觉有一只大蜘蛛在他眼前织网，无论怎么赶都不走，他只好求助于师父。师父就让他坐禅时拿一支笔，等蜘蛛来了就在它身上画个记号，看它来自何方。小和尚照师父交代的去做，当蜘蛛来时他就在它身上画了个圆圈，蜘蛛走后，他便安然入定了。

当小和尚做完功一看，却发现那个圆圈在自己的肚子上。原来困扰小和尚的不是蜘蛛，而是他自己，蜘蛛就在他心里，因为他心不静，所以才感到难以入定，正如佛家所说："心地不空，不空所以不灵。"

佛家的修行很多时候，就是练习一种平静，让自己做到心平如水，不为外界所干扰，这边是超凡脱俗，才能够称得上真正的方外之人。

其实，平静是福，真正生活在喧嚣吵闹的都市中的人们，可能更懂得平静的弥足珍贵。与平静的生活相比，追逐名利的生活是多么不值得一提。平静的生活是在真理的海洋中，在争流波涛之下，不受风暴的侵扰，保持永恒的安宁。

心灵的平静是智慧美丽的珍宝，它来自于长期、耐心的自我控制。心灵的安宁意味着一种成熟的经历以及对于事物规律的不同寻常的了解。

人人向往平静，然而，生活的海洋里因为有名誉、金钱、房子等在兴风作浪而难得宁静。许多人整日被自己的欲望所驱使，好像胸中燃烧着熊熊烈火一样。一旦受到挫折，一旦得不到满足，便好似掉入寒冷的冰窖中一般。生命如此大喜大悲，哪里有平静可言？人们因为毫无节制的狂热而骚动不安，因为不加控制欲望而浮沉波动。只有明智之人，才能够控制和引导自己的思想与行为，才能够控制心灵所经历的风风雨雨。

是的，环境影响心态。糟糕的环境随时都在把人们心中的平静撕个粉碎，让人遭受浮躁、烦恼之苦。然而，生命的本身是宁静的，只有内心不为外物所惑，不为环境所扰，才能做到像陶渊明那样身在闹市而无车马之喧，正所谓"心远地自偏"。

平静是一种心态，是生命盛开的鲜花，是灵魂成熟的果实。平静在心，在于修身养性，平静无处不在，只要有一颗平静之心。追求平静者，便能心胸开阔，不为诱惑，坦荡自然。

平静是一种幸福，它和智慧一样宝贵，其价值胜于黄金。真正的平静是心理的平衡，是心灵的安静，是稳定的情绪。

宁静最美,安定最乐

所有相皆是虚妄;一切有为法,如梦幻泡影,如露亦如电,当作如是观。

世人的痛苦,常常是把得失看得太重

常听师父说,世人的痛苦,常常是因为把得失看得太重了。

师父讲过一个他经历过的故事。师父说年轻时候,他成长在一个环境很好的家庭,备受父母宠爱。后来考上大学,

也读了一个很对口的专业。那时候还是计划招生,毕业后的学生都能进国家分配的单位,而他也进了一家自己喜欢的大型企业。那时,他才20岁,是一个毛头小伙子。

他满怀希望和信心地走上了工作岗位。然而,接下来的一切却让他始料未及:单位的人际关系非常复杂,而他却是那么单纯,甚至有些天真,他说话做事都率性而为,不懂得收敛。渐渐地,他听到了一些议论,说他年轻气盛,做事毛糙等等。从小就养尊处优惯了的他,那一段日子很是沮丧。

他回家把在单位遇到的种种不愉快说给父亲听。

他的父亲给他讲了一个故事。有一个人在一次车祸中不幸失明,那个人的亲戚和朋友都来慰问,表示了极大的同情。而他却回答道:"这事的确很糟糕。但是,我却保存下了性命,比起那些在车祸里丧生或者四肢受到残疾的人来说,我四肢都还健全。并且自那以后我的听力越来越好,让我能够更用心地聆听、了解这个世界,也让我知道了原来活着是一件多么美好的事情——而以前我却从未这样清醒地认识过。现在,你们看,我不是一样顺畅地呼吸,一样赞赏天边的云朵和路边的野花?我想现在的我,得到了比以前更加珍贵的生命。"

无疑,这个遭遇车祸的人是个智者,他知道双目失明是一件已经发生的事实，哪怕再痛苦也改变不了。所以，他换了一个角度，同样一件事情，他能够找到积极的那一面。

师父的父亲顿了顿，接着说，"你和同事之间相处得不愉快，作为一个刚刚走上社会的新人来说也是正常的。单位毕竟不是家庭，会有各种各样的矛盾。你应该换个角度，把这种不愉快看做是对自己的砥砺，通过这种磨炼可以使自己尽快成熟起来。从这个角度看，你现在所面临的境况，恰恰是你成长过程中的一笔财富。"

父亲的一番话让他豁然开朗。回到单位之后，每当再遇到不顺心的事情，他就想：换个角度，这是一件好事情，它至少说明我有不足甚至不对的地方，我得改正自己。如果确实不是他自己的问题，他也不再像以前那样气恼，而是想：换个角度，说明别人对我的要求比较高，我得加把劲儿。同样的一件事情，过去给他带来的是烦恼、苦闷，而现在带给他的，则是积极向上的动力。

是啊，世人如果能够把得失看淡，那么一切坏事只是一时的现象。如果能换个角度看问题，把得失看得不那么重要，就能够看到绝望中孕育着的希望！失去也会变成一种新的收获！如果都能够换个角度看得失，我想一个人的生命才会活出真正的意义来。这个世界也将是一个美好的世界。

吃了亏的人说：吃亏是福。

丢了东西的人说：折财免灾。

逃过一劫的人说：大难不死，必有后福。

受人欺负的人说：不是不报，时候未到。

卸任的官员说：无官一身轻。

生不逢时的人常常用阿Q的话说：先前比你阔多了。

没钱人的太太说：男人有钱就变坏。

惧内的丈夫说：有人管着好呀，啥事都不用操心。

夫不下厨，妻跟人说：整天围着锅台转的男人没出息。

住在顶楼的说：顶楼好啊，上下楼锻炼身体，空气新鲜，还不受人骚扰。

住在一楼的人说：一楼好啊，出入方便，省得爬楼梯，怪累的。

一个被老板炒了鱿鱼的人，对人说：我把老板炒了。

……

是啊，倘若人的心境因凡尘变得支离破碎，请别消极，请尝试站在新的角度，以一颗积极健全的心去对待生活中的点点滴滴。也只有这样，我们才能轻松、愉悦地走过人生的风风雨雨！

如何才能获得自己内心的宁静

现在的人一到周末节假日，就喜欢去山里玩，因为山里比较安静，能够远离尘世的喧嚣。

当然，也有人会说，静从闹处取，心静自然不会关注喧闹。的确，无论何时内心的宁静才是真的静。但是如何追求内心的宁静呢？这也是我常常问自己的问题。

师父曾经讲过一个故事，某个古城老街上有一个铁匠铺，铺里住着一位老铁匠。由于没人再需要打铁制的器具，现在他改卖铁锅、斧头和拴小狗的链子。他的经营方式非常古老和传统。人坐在门内，货物摆在门外，不吆喝，不还价，晚上也不收摊。无论什么时候从这儿经过，人们都会看到他在竹椅上躺着，手里一个半导体，身旁是一把紫砂壶。

老铁匠的生意也没有好坏之说。每天的收入正够他喝茶和吃饭。他老了，已不再需要多余的东西，因此他非常满足。

一天，一个文物商人从老街经过，偶然看到老铁匠身旁的那把紫砂壶。因为那壶古朴雅致、紫黑如墨，有清代制壶名家戴振公的风格。于是他走了过去拿起那把壶，看见壶上有一记印章。果然是戴振公的！商人惊喜不已。

商人想以10万元的价格买下来。当他说出这个数字时，老铁匠先是一惊，然后马上拒绝了。因为这把壶是他爷爷留下来的，他们祖孙三代打铁时都喝这把壶里的水，他们的汗也都来自这把壶。

商人走后，老铁匠有生以来第一次失眠了。这把壶他用了60年，并且一直以为是把普普通通的壶。现在竟然有人要以10万元的价格买下它，他转不过神来。

过去，他躺在椅子上喝茶，都是闭着眼睛把壶放在小桌上。现在他总要坐起来再看一眼。这让他非常不舒服。特别让他不能容忍的是，当人们知道他有一把价值不菲的茶壶后，有的就来问还有没有其他的宝贝，有的甚至开始向他借钱。更有甚者，晚上推他的门。

他的生活被彻底打乱了。老铁匠再也坐不住了。他招来左右店铺的人和前后邻居，拿起一把斧头，当众把那把紫砂壶砸了个粉碎。

现在,老铁匠还在卖铁锅、斧头和拴小狗的链子。

老人愤怒地砸烂了茶壶,他只想得到一片属于自己的宁静。

那么要如何获得宁静呢?

以老人的故事来看:首先,要找到自己想要的生活,秉承内心的追求。其次,要寡心少欲,不要因争名逐利而丧身,要克制自己的欲望。最后,要顺应自然,知足知止。当然,获得宁静并不是一时的,而是要伴随你的一生的,所以要时时提醒自己。

西方曾有位哲人在总结自己一生时说过这样的话:"在我整整75年的生命中,我没有过上四个星期真正的安宁。这一生只是一块必须时常推上去又不断滚下来的崖石。"所以,追求宁静,对许多人来说成了一个梦想。由此看来,宁静并不是每个人都能享受的。所以如何才能获得自己内心的宁静也成为很多人的追求和奢望。

不过,在现实生活中,也不乏害怕宁静,时时借热闹来逃避宁静以麻痹自己的人。殊不知,热闹之后却更加寂寞。所以与其用热闹麻痹自己,不如热闹中守得一份宁静。宁静真的是一种难得的感觉，只有在拥有宁静时，我们才能静下心来悉心梳理自己烦乱的思绪；只有在拥有宁静时，我们才能让自己成熟。

宁静是一种感受，是一种难得的感觉，是心灵的避难所，它给我们足够的时间去舔拭伤口，重新以明朗的笑容直面人生。

唯有懂得了宁静，才能从容地面对生活中的一切烦恼，唯有找到宁静才能够让平淡的人生穿越灿烂抵达美丽的一种高度。

得失本来自心，看淡失去能避免更多失去

很多时候，失去的东西是无法回来的。那么何不淡然看待呢？总有人问我，为何他失去了那么多，世间有没有后悔药。而我能够回答他们的就是，世间一切过去的已经过去，不要总是沉湎其中无法自拔，看淡失去才能避免更多的失去。

一个人坐在轮船的甲板上看报纸。突然一阵大风把他新买的帽子刮落大海中，只见他用手摸了一下头，看看正在飘落的帽子，又继续看起报纸来。另一个人大惑不解："先生，你的帽子被刮入大海了！""知道了，谢谢！"他仍继续读报。"可那帽子值几十美元呢！""是的，我正在考虑怎样省钱再买一顶呢！帽子丢了，我很心疼，可它还能回来吗？"说完他又继续看起报纸来。

有一位70多岁的日本老先生，拿了一幅祖传古画上电视节目，要求宝物鉴定团的专家做鉴定。据老先生去世的父亲生前说，这幅画是名家所作，价值数百万。老先生自己不懂，因而想请专家加以鉴定。结果揭晓，专家认为它是赝品，连一万日元都不值，全场唏嘘……主持人问老先生："您一定很难过吧？"来自乡下的老先生脸上的线条变得无比的柔和，微笑着说："啊，这样也好，不会有人来偷，我可以安心把它挂在客厅里了。"是啊，失去有时反而让我们得到了轻松！

的确，失去的已经失去，何必为之大惊小怪或耿耿于怀呢？

世事难以预料，倒霉和不幸的事谁也不想发生，但如果发生了，你应怎样去面对呢？生活的挫折和磨难来临时，我们应以一颗乐观、豁达、健康的平常心面对，这样生活会美好得多。

许多人都有过丢失某种重要或心爱之物的经历：比如不小心丢失了刚发的工资，最喜爱的自行车被盗了，相处了好几年的恋人拂袖而去了，等等，这些大都会在我们的心理上投下阴影，甚至让我们备受折磨。究其原因，就是我们没有调整心态去面对失去，没有从心理上承认失去，只沉湎于已不存在的东西，而没有想到去创造新的东西。人们安慰丢东西的人时常会说："旧的不去新的不来。"事实正是如此，与其为失去的自行车懊悔，不如考虑怎样才能再买一辆新的；与其对恋人向你"拜拜"而痛不欲生，不如振作起来，重新开始，去赢得新的爱情。

人世间就是有许许多多自己制造的烦恼。烦恼是很不讨人喜欢的词，因为它令我们感到无助、劳累。

人生总是在不断地失去和拥有。拥有快乐，失去烦恼；捡到幸福，丢掉悲伤。

生活中，我们难免失去，如果失去什么之后，我们再失去快乐的心情，岂不是失去更多了？人唯有看淡失去，珍惜眼前，才能够活出自己的价值，活出最好的自己。

勇敢能帮你找回自己,收获幸福

若不修内行,唯只外求,希望获福,无有是处。

你的快乐,需要敞开心扉

对很多的人来说,人生最大的杀手是忧愁和焦虑。

一般来说,人面对倒霉事和烦心事时有两种反应:一种是很在乎,一种是很不在乎。心理素质好的人不会把这些当作什么事儿,可心理素质稍微差一些的人就不同了。他们认为上天不公，有的开始变得不自信，还有的开始怨天尤人，甚至心怀怨恨。于是一个本来热情的人也会变得冷漠，一个原本善良慈爱的人也会开始生恨。

通常来说，那些在乎倒霉和烦心事儿的人，情绪低落时，碰见陌生人问路，他不理不睬或者故意指错方向；马路上有人丢了东西，他看在眼里，却绝不会喊别人一下；散步时踩到一块石子，不是踢到路边去，而是踢到路中间；单位来了新同事，没有给他一个微笑，而是冷眼欺生；有人遇到倒霉事，他更不会安慰几句，而是站在一旁幸灾乐祸；有人做了好事，他也不满，全是一股嫉妒之心，等等。

倒霉之后，是不在乎，敞开心扉积极生活；还是很在乎，纠结着带着恶意去生活，其实是一个态度的选择。选择不在乎，敞开心扉的人心情是明朗的、愉快的、坦荡的、温馨的；选择很在乎，带着恶意的人，心境常常是阴暗的、烦躁的、猥琐的。

例如，一个家庭幸福、工作顺利的人，一般不会在乎小事，天大的倒霉事烦心事在他们的心里也只是一个小插曲；而几乎无一例外对倒霉和烦心事很在乎的人，都是一些失意者。大家最讨厌也最常见的"长舌妇"或者"长舌男"，仔细观察一下，我们会惊讶地发现，这些人这类人不做正经事或者做不了正经事，就无事生非，打探人的隐私，散布一些流言，今天捣鼓张三，明天捣鼓李四，人见人怕，还自以为得意。但如果把精力放在这上面，就说明他的日子已经不妙了。这样的人不仅生活状态会越来越差，而且会慢慢地不被他人接受，被人轻视或是孤立，很难成大事。他们很少会有真正的快乐。

学会敞开心扉，微笑面对生活，用一颗乐观的心去拥抱生活，就会得到真正的快乐。世界上没有不快乐的人，只有不肯快乐的心。

迷了路，用心寻找方向

迷路和走错路是两个截然不同的概念。当人生陷入低谷的时候，人们总是发出不自信的感叹："难道我走错了路？"事实上，很多时候，并没有走错路，只是在这条路上暂时没有找到正确的出口，是迷了路。

迷路，并不可怕，只要你用心寻找出口，一定会找到那个最终的出口，不要轻易怀疑自己是否走错了路，要相信自己的选择，不要因为一时的迷茫就怀疑自己的选择。

撒哈拉沙漠中有一个叫比塞尔的小村庄，传说，村里从来没有一个人走出过大漠，不是他们不愿意离开这块贫瘠的地方，而是尝试过很多次都没能够走出去。英国皇家学院的院士莱文对这种现象感到很奇怪，他来到这个村子向这儿的每一个人问其原因，每个人的回答都一样：从这无论向哪个方向走，最后结果总是转回出发的地方。

为了证实这种说法，他尝试着从村庄向北走，结果三天半就走了出来。莱文很纳闷，让一个人带路，他跟在那人后面，十天过去了，他们走了大约800英里的路程，第十一天的早晨，他们果然又回到了比塞尔。这次莱文明白了，比塞尔人之所以走不出大漠，是因为他们根本不认识北斗星。在一望无际的大漠里，一个人如果跟着感觉往前走，他会走出许许多多大小不一的圆圈，最后的足迹十有八九是一把卷尺的形状。比塞尔村位于一个方圆几千里没有一点参照物的沙漠中，若不认识北斗星又没有指南针，想走出沙漠的确不可能。

这个和莱文一起走出沙漠的青年就是阿古特尔，他因此成为比塞尔村的开拓者，在他的带领下，人们终于可以走出沙漠了。如今，他的铜像竖立在小城的中央，上面刻着一句话：新生活，是从选定方向开始。

村里的人一直走的路并没有错，因为他们没有把握好方向，所以一直没有找到走出沙漠的出口，他们就想当然地认为这个沙漠是走不出去的，但是事实上并不是这样，他们只是迷了路，但是可悲的是他们在莱文之前没有寻找到正确的方向。

人生的道路更是复杂，你在慎重选择了自己的人生道路之后，在遇到暂时的挫折甚至打击时，不要轻易怀疑自己的选择，要知道你更大的可能只是暂时迷了路，只要能够冷静地分析自己的位置，就能够找到最终的出口，通往成功的彼岸。

内心宁静，梦想是你的宝贝

大凡成功者都有梦想。他们做事大方、不拘小节，踏实勤勉，肯于付出；而且为了梦想他们很少会计较眼前的小利益。

据说，奥地利的布鲁克居住在贫困的乡间，母亲早年去世,父亲后来工作受伤,无力继续支撑家庭,加上两个需要扶养的年幼弟弟,家里的重担顿时成了布鲁克的重责大任。尽管如此,他依然坚信自己的梦想会实现。

一天,一位顾客匆忙拿了一双鞋底坏掉的皮鞋,交给布鲁克修理。

布鲁克动作熟练,隔天便把鞋底缝补、敲钉完成。顾客抚摸着那双鞋子,感动地说:"小伙子,谢谢你把我的皮鞋修好,这是我见过的修得最好的一双鞋,不但缝补得很坚固,还把皮鞋擦得跟新的一样。"

附近同行擦皮鞋的人,私下窃语:"布鲁克真是服务过头了,顾客只付了修皮鞋的钱,却把皮鞋擦这么亮,这有什么好处呢?这么笨,是注定一辈子落魄的。"

布鲁克并不在意这些话,只是继续做自己的工作,他觉得为顾客着想,对得起自己的良心,收取顾客的钱心安理得,这样就够了。

后来,布鲁克受到皮鞋工厂的雇用,在工厂专门修补有瑕疵的皮鞋。多年以后,那些嘲笑布鲁克的人,仍然还在街头修补皮鞋,至于布鲁克,已经担任奥地利最大皮鞋工厂的制造经理。

看吧,如果你希望命运给自己一个机会,希望别人给自己一个机会，不如像布鲁克一样先以自己的付出给别人机会，接着，慢慢累积自己的梦想？

当然，有梦想的人多，最终实现的人却没有几个。比如，曾经有这样一个故事：在安第斯山脉有两个好战的部落，一个住在低地，另一个住在高山上。有一天，住在高山上的部落入侵位于低地的部落，并带走该部落的一个小婴儿作为战利品。低地部落的人不知道如何攀爬到山顶，尽管如此，他们仍然决定派遣最优秀的勇士部队爬上高山去带回这个小婴儿。

勇士们试了各种方法，却只爬了几百尺高。正当他们决定放弃解救小婴儿，收拾行李准备回去时，却看到婴儿的母亲正由高山上朝他们走来，背上还缚着她的小孩。其中一位勇士走向前迎接她，说："我们都是部落中最强壮有力的勇士，连我们都爬不上去，你是如何办到的呢？"

她耸耸肩说："只因他不是你的宝贝。"

这两个故事告诉人们，不仅仅要有梦想，还要把梦想当为自己最重要的宝贝，重视、爱护，并为之奋斗，才能够最终实现它。

拾取信心,走出迷茫

▷ ▶ 一个人最倒霉的时候一般是人生的迷茫期。因为那个时候的人不能看清楚真实的自己，不清楚自己想要的是什么，不清楚如何走向人生下一步，倒霉了也不知道为什么倒霉。其实，不管是谁只要对未来有信心，对自己有信心，虽然一时迷茫，一时倒霉，但也能够找到正确的方向和方法，走出迷茫，找回与自己人生匹配的快乐和幸福。

自信是你人生最好的选择

佛性是每个人的心,所以自己就是主宰。

自信因感觉而生,自卑因感觉而灭

生活中有很多这样的例子,有些商人认为自己注定要失败,不敢抓住机会去扩大经营规模;有些专业人员总认为自己的能力比同事稍逊一筹;有些成绩优秀的学生为考试惴惴不安;有些年轻女孩迷人可爱,但与邻居的女孩相比较落后,又对自己的社交能力颇感失望。这些人本来极为优秀，但内心却憎恶自己，他们内心焦虑不安，没有自己的主见，用别人的判断标准扼杀了自己的信心。与自己过不去，这也是许多悲剧的根源所在。

那么如何建立自信告别自卑呢？据说，明朝末年，有一位画家突然有一天发现自己的表情、神态发生了变化，原本端正慈祥的五官变成了一副"狡诈""凶恶""古怪"的模样，他感到十分自卑，自觉无颜见人。

为了纠正自己越来越丑的面貌，找回以前那份自信，他四处寻找名医，但都不能见效。无论是吃药也好，整容也好，都无法改变他那"满脸横肉、凶神恶煞、愁眉苦脸"的五官。

痛苦绝望之中，他到一座深山寺院去观摩壁画，顺便就把自己的苦恼向寺中的长老说了。长老说，我可以治你的"病"，但不能白治，你必须先做一点工作——画几十幅神态各异的观音像。

画家接受了这个条件。

在众人的眼中，观音是慈祥、善良、圣洁、宽仁、正义的化身，她的面相神情，自然就是人民群众心中这些概念的形象化、典型化。

画家在绘画过程中不断研究、琢磨观音的德行言表，不断模拟她的心态和神情，达到了忘我的程度。甚至，他相信自己就是观音。

半年后，工作完成了，同时，他惊喜地发现自己的相貌已经变得神清气朗，端正庄严，心中的自卑感一下子消失，又重新充满了自信。

他十分高兴，感谢长老治好了自己的"病"。

"不，"长老说，"是你自己治好的。"

在长老的点拨下，画家才悟出了原来"变丑自卑"的病根——过去两年，他一直在描绘夜叉！

正所谓"自信因感觉而生，自卑因感觉而灭"。

这个故事告诉我们：自信心的丧失，自卑感的产生，不是其认识上的不同，而是感觉上存在差异。其根源就是人们不喜欢用现实的标准或尺度来衡量自己，而相信或假定自己应该达到某种标准或尺度。如"我应该如此这般""我应该像某人一样"等等。这些追求如果脱离实际，只会滋生更多的烦恼和自卑，从而失掉自信，使自己更加抑郁和自责。

一个人失败的原因与能力低下、力量薄弱有关系，但如果信心不足，那么，还没有上场，就会败下阵来。自信才是一个人变得更好的关键所在。

当你迷茫的时候就是你该改变的时候

在这个时代,你唯一的竞争优势就是比你的竞争对手学习得更快、更多、更好!

而学习的实质到底是什么呢?

没错,它就是"改变"!

相对于这个时代而言,"改变"一词还来得不够有力度,不如我们用"颠覆"一词!

颠覆你自己,否则竞争将颠覆我们!

你愿意吗?

从前有两个年轻人,一个叫小山,一个叫小水,他们住在同一村庄,是最要好的朋友。由于居住在偏远的乡村谋生不易,他们就相约到远方去做生意,于是同时把田地变卖,带着所有的财产和驴子远行了。

他们首先抵达一个生产麻布的地方,小水对小山说:"在我们的故乡,麻布是很值钱的东西。我们把所有的钱换取麻布,带回故乡,一定会有利润的。"小山同意了,两人买了麻布细心地捆绑在驴子背上。

接着,他们到达了一个盛产毛皮的地方,那里也正好缺少麻布,小水就对小山说:"毛皮在我们故乡是更值钱的东西。我们把麻布卖了,换成毛皮,这样不但我们的本钱回收了,返乡后还有很高的利润!"

小山说:"不了,我的麻布已经很安稳地捆在驴背上,要搬上搬下多么麻烦呀!"

小水把麻布全换成毛皮,还多了一笔钱。小山依然有一驴背的麻布。

他们继续前进到一个生产药材的地方,那里天气苦寒,正缺少毛皮和麻布,小水就对小山说:"药材在我们故乡是更值钱的东西。你把麻布卖了,我把毛皮卖了,换成药材带回故乡一定能赚大钱的。"

小山拍拍驴背上的麻布说:"不了,我的麻布已经很安稳地在驴背上,何况已经走了那么长的路,卸上卸下太麻烦了!"小水把毛皮都换成了药材,还赚了一笔钱。小山依然有一驴背的麻布。

后来,他们来到一个盛产黄金的地方,那充满金矿的地方是个不毛之地,非常欠缺药材,当然也缺少麻布。小水对小山说:"在这里药材和麻布的价钱很高,黄金很便宜,我们故乡的黄金却十分昂贵。我们把药材和麻布换成黄金,这一辈子就不愁吃穿了。"

小山再次拒绝了："不！不！我的麻布在驴背上很稳妥，我不想变来变去呀。"小水卖了药材，换成黄金，又赚了一笔钱。小山依然守着一驴背的麻布。最后，他们回到了故乡，小山卖了麻布，只得到蝇头小利，和他辛苦的远行不成比例。而小水不但带回一大笔财富，还把黄金卖了，成为当地最大的富豪。

谁能让思维变得更快更及时，谁就能赢得精彩；那些固守死理、一成不变的人，则只能永远平庸。

什么处境下都不能忘了自信

一支小分队在一次行军中，突然遭到敌人的袭击，混战中，有两位战士冲出了敌人的包围圈，结果却发现进入了沙漠。走至半途，水喝完了，受伤的战士体力不支，需要休息。于是，同伴把枪递给伤员，再三吩咐："枪里还有五颗子弹，我走后，每隔一小时你就对空鸣放一枪。枪声会指引我前来与你会合。"

说完,同伴满怀信心找水去了。躺在沙漠中的伤员却满腹狐疑:同伴能找到水吗?能听到枪声吗?会不会丢下自己这个"包袱"独自离去?

暮色降临的时候,枪里只剩下一颗子弹,而同伴还没有回来。受伤的战士确信同伴早已离去,自己只能等待死亡。想象中,沙漠里秃鹰飞来,狠狠地啄瞎了他的眼睛、啄食他的身体……结果,他彻底崩溃了,把最后一颗子弹送进了自己的太阳穴。枪声响过不久,同伴提着满壶清水,领着一队骆驼商旅赶来。然而,他看到的却是一具尚有余温的尸体……

那位战士冲出了敌人的枪林弹雨,却死在了自己的枪口下,让人扼腕叹息之余不免警醒:不要轻易地对生活绝望,只要我们不放弃希望,不放弃努力,就有获得重生的机会。

有时,面对困难,我们常常退缩,理由是困难太大;面对竞争,我们常常逃避,理由是对手太强;面对责任,我们常常推卸,理由是担子太重;面对坎坷,我们常常……不错,人生给我们的太多太多,而我们用以逃避的理由也同样太多太多。我们为什么不敢正视这一切?是因为我们无法战胜自己内心的种种怯弱、担忧、自卑以及恐惧!

人的本性是这样的,人的本性注定我们的内心有许多的不坚强;自己,往往是最可怕的对手,是最无底的沟,是最看不透的迷雾。为了成功，我们必须战胜自己，自己是通往成功的最后一道屏障。

　　想想历史上伟大的人物和那些有建树的人们，哪一个不是对自己信心十足，具有顽强毅力的呢？如果爱迪生因为一次次失败而灰心了，那么他还能成为举世闻名的发明大王吗？如果爱因斯坦因为别人的嘲笑而放弃了自己的信念，那么他还能写出《相对论》，成为诺贝尔物理奖的获得者吗？

　　让我们记住这句话："战胜自己，我便是强者。"当我们遇到挫折或身处逆境，都应该顽强拼搏，有战胜困难的自信和勇气，那样的人就是一个强者，一个谁都打不败的强者。

自信乐观,能帮你跨越千难万险

念动急觉,觉之即无,久久收摄,自然心正。

乐观的心态能够帮助你东山再起

一天,一位律师到英国国家船舶博物馆参观,以调节他失意的心情。当时他刚打输了一场官司,委托人也于不久前自杀了。尽管这不是他的第一次失败辩护,也不是他遇到的第一例自杀事件,然而,每当他遇到这样的事情,总是有一种负罪感。他不知该怎样安慰那些在生意场上遭受了不幸的人，那些人有的被骗，有的被罚，也有的因打输了官司，落得债务缠身。

当他在国家船舶博物馆观看那些旧船时，忽然被一艘经历不凡的船吸引住了。这艘船原属于荷兰福勒船舶公司，于1894年下水，在大西洋上曾138次遭遇冰山，116次触礁，13次起火，207次被风暴扭断桅杆，然而它并没有沉没，英国劳埃德保险公司基于它不可思议的经历，将这艘船体变形、创痕累累的船从荷兰买回来捐给国家。

这位律师看到这条船后，产生了一个想法：为什么不让那些生意场上的失意者来参观参观这条船呢？于是，他就把这艘船的历史抄下来，和这艘船的照片一起挂在他的律师事务所里。每当商界的委托人请他辩护，无论输赢，他都建议他们去看看这艘船，自此，在他的委托人中，再也没有发生过自杀事件。据英国《泰晤士报》说，截至1987年，已有1230万人参观过这艘船。

我们的一生，也可以像那艘不沉之船一样，勇往直前。只要我们不放弃希望，乐观地对待人生的每一次挫折。

有一个人把自己多年的积蓄以及全部财产都投资到一种小型制造业上。由于对变化无常的市场把握不当，再加上前几年原料价格不断上涨等原因,他的企业垮了。而此时妻子又从原来的单位下岗,他处于绝境之中,他对自己的失败、对自己那些损失无法忘怀,毕竟那是他半辈子的心血和汗水。好几次,他都想跳楼自杀,一死了之。

一个偶然的机会,他在一个书摊上看到了一本名为《怎样走出失败》的旧书。这本书给他带来了希望和重新振作的勇气,他决定找到这本书的作者,希望作者能够帮助他重新站起来。

当他找到那本书的作者,讲完了他自己的遭遇时,那位作者却对他说:"我已经以极大的兴趣听完了你的故事,我也很同情你的遭遇,但事实上,我无能为力,一点忙也帮不上。"

他的脸立刻变得苍白,低下了头,嘴里喃喃自语:"这下子彻底完蛋了,一点指望都没有了。"

那本书的作者听了这话,片刻之后说:"虽然我无能为力,但我可以让你见一个人,他能够让你东山再起。"

他立刻跳起来,抓住作者的手,说:"看在老天爷的分上,请你立刻带我去见他。"

作者站起身,把他领到家里的穿衣镜面前,用手指着镜子说:"这个人就是我要介绍给你的人,在这个世界上,只有这个人能够使你东山再起。除非你坐下来,彻底认识这个人,否则你只有跳楼了。因为在你对这个人没有充分认识以前，对于你自己或这个世界来说，你都将是没有任何价值的废物。"

他站在镜子面前，看着镜子里的那个满脸胡须的面孔，认真地看着。看着看着他哭了起来。

几个月之后，作者在大街上碰见这个人，几乎认不出来了。他的脸不再是几十天没刮的样子，脚步也异常轻快，头抬得高高的，衣着也焕然一新，完全是一个成功者的姿态。

他对作者说:"那一天我离开你家时，只是一个刚刚破产的失败者。我对着镜子发现自己也不愿意看到这么颓废的自己，我要改变。现在我又找到一份收入很不错的工作，妻子也重新上岗，薪水也很可观。我想用不了几年，我就会东山再起。"

用乐观的心态去勇敢地面对吧。这种心态和情绪能够帮你走出失败，重新获得你想要的人生！

简单化，能帮你摆脱心灵的污染

在人生道路上，唯有能够摆脱心灵的污染，才有可能避免误入阻碍我们成熟的岔路而陷入歧途。

就目前的潮流来看，无论是人际关系、社会结构或家庭关系，都同样有复杂化的趋势。然而，人们又不约而同地用一种简化的公式来处理这些关系。所以用"简单"的态度来处理事务，不仅能得到事半功倍的效果，同时也能将生活带入一种节奏明快的韵律之中。

其实，使事物变得复杂是很容易的，但若想将事物简化成有条不紊的情况就要动动脑筋了！

《唐·吉诃德》里有一个片段：桑丘问表弟说世界上第一个翻跟头的是谁？表弟回答说这个问题我一时回答不上，等我以后回书房去翻翻书，考证一番，下次见面，再把答案告诉你吧。桑丘过了一会儿对他说，刚刚问的这个问题，我现在已经想到答案了：世界上第一个翻跟斗的是魔鬼，因为他从天上摔下来，就一直翻着跟斗，跌到了地狱。

看到这里你也许会忍俊不禁，原因是桑丘的回答非常简单，但它也包含着一种极其朴素的智慧，正如他的主人表扬他说，桑丘，你说出来的话，往往超过你的智慧呢。有些人煞费苦心，进行考证，但得出的结论往往既不能增长见识，也不能增添常识，真是毫无意义。

其实生活、学习、工作中的很多事情都很简单，大可不必费九牛二虎之力去伤透脑筋，人生、爱情、理想也是如此，很多时候都只是相当于一年级的数学，或者与根本就没有上过学、一字不识的人看待鸡兔同笼这一问题时的思维一样——打开笼子数数不就知道了？干吗费那么大力气列那么多方程式来计算！更重要的是干吗把鸡和兔子关在同一个笼子里呢？只不过有的时候人们走了太多太远太辛苦的路，却意识不到有些路是根本就不必走的。有些人看到别人走，自己也就拼命地赶路，认为在走了很多辛苦路之后就会有天堂，可是谁知道天堂就在他原来所在的地方，就在他一路行走的过程中，或者根本就没有什么天堂。

可见世界上没有复杂的事情，只有复杂的心灵和黑洞般没有边际、不知深浅的欲望。这就像一棵树，细看来是许多的枝，再看是无数的叶，再看是数不清的细胞。其实，它只是一棵树而已。一切问题都是可以化为简单的，正如计算机里所有问题都只有两个答案：是或者不是。

我们要保持积极、乐观、向上的生活态度。生命太短暂，一生不过短短数十年，哪经得起那么多无谓的折腾；同时要学会该舍弃的就丢掉，这也要那也想，须知我们的双肩载不动那么多的金钱、名誉、地位、情感、哀愁和怨恨。干脆地舍弃吧，轻轻松松地上路，多一些时间来听花开花谢，多一些时间来关照日出日落，多一些时间来走向你心中的远方。以一种快刀斩乱麻的方式，三下五除二地去做吧！

防止心灵受到污染，就摆脱了使你的生活变得错综复杂的恼怒。不妨偶尔给心灵安排几次静修，让自己的思想变得简单，从内心的简单澄净中寻找一次全新的飞跃和成长。

走出抑郁的阴影

一个人要想成大事，就必须把抑郁从他的性格中扔出来，因为抑郁代表一种消极的意识和自我折磨的心态。

人若想改变自己容易愤怒或急躁的性格，不是十分困难。而想改变自己抑郁的心理却不很容易。而一个人要想成大事，就必须把抑郁从他的性格中扔出来，因为抑郁代表一种消极的意识和自我折磨的心态。情绪控制能力不高者，很难走出抑郁的阴影。

抑郁不是单一的病症，它有很多种类型，其病症也各不相同。抑郁与伤寒和流感不同，抑郁瓦解了他们的意志，消耗了他们的精力。一些人的抑郁是由某一些生活事件，诸如失业、住房问题、贫穷或重大的财产损失造成的。另一些人的抑郁似乎与遗传有关。还有一些人，早期苦难的生活经历使得他们具有抑郁的易感性。更有一些人其抑郁根源于家庭、人际关系或与社会隔绝等问题。当然，人们或许有其中一种或多种问题，因此毫不奇怪，我们对付抑郁，需要各种治疗方法和手段，对一个人有效的方法或许对另一个人无效。

下面几种方法，希望能对你有所帮助。

1. 合理安排日常生活

抑郁的人对日常必需的活动会感到力不从心。因此，我们应对这些活动进行合理安排，以使它们能一件一件地完成。以卧床为例，如果躺在床上能使我们感觉好些，无疑躺着是一件好事。但对抑郁的人来说，事情往往并非这么简单。他们躺在床上，并不是为了休息或恢复体力，而是一种逃避的方式。因为没有应做的事，我们会为这种逃避而感到内疚、自责。并且，躺着使我们有更多的时间思考自己的困境。床看起来是安全的地方，然而，长此以往，情况会更加糟糕。因此，最重要的是努力从床上爬起来，按计划每天做一件积极的事情。有时，一些抑郁者常常带着这样的念头强制自己起床："起来，你这个懒虫，你怎么能光躺在这儿呢？"其实，与之相反的策略也许会有帮助，那就是学会享受床上的时光。一周至少一次，你可以躺在床上看报纸，听收音机，并暗示自己：这多么令人愉快。你应当学会，在告诉自己起床干事情的时候，不再简单地"强迫自己起床"，而是鼓励自己起床。因为躺在那儿想自己所面临的困难，会使自己感觉更糟糕。

2．换一种方式去思维

对抗抑郁的方式，就是有步骤地制订计划。尽管有些麻烦，但请记住，你正训练自己换一种方式思维。如果你的腿断了，你将会逐渐地给伤腿加力，直至完全康复。有步骤地对抗抑郁也必须是这样的。

现在，尽管令人厌倦的事情没有减少，但我们可以计划做一些积极的活动，即那些能给你带来快乐的活动。例如，如果你愿意，你可以坐在花园里看书、外出访友或散步。有时抑郁的人不善于在生活中安排这些活动，他们把全部的时间都用在痛苦的挣扎中，一想到衣服还没洗就跑出来，便会感到内疚。其实，我们需要积极的活动，否则，就会像不断支取银行的存款却不储蓄一样。积极的活动相当于你银行里有存款，哪怕你所从事的活动，只能给你带来一丝丝的快乐，你都要告诉自己：我的存款又增加了。

抑郁病人的生活是机械而枯燥的。有时，这似乎是不可避免的。解决问题的关键，仍然是对厌倦进行诊断，然后逐步战胜它。

抑郁个体常感到与人隔绝、孤独、闭塞，这是社会与环境造成的。情绪低落是对枯燥乏味、缺乏刺激的生活的自然反应。

3．战胜抑郁症

许多抑郁症患者是真正的战士，很少有抑郁的人能意识到自己的极限。有时，这与完美主义密切相关。专家喜欢用"燃尽"一词描述那些处于被挖空状态的个体。对一些人而言，"燃尽"是抑郁的导火索。无论是待在家里，还是忙于应付各种工作任务，你一定要记住：你与其他人一样，所能做的工作是有限的。

4．克服抑郁中的自责

有一位病人，自从她对门住进了新的邻居，她就开始变得抑郁。那位邻居习惯于在清晨大声播放音乐。她试图找有关部门禁止他，尽管人家很同情她，但却帮不了她。逐渐地，她陷入抑郁，感到整个生活都毁了，自己却无能为力。她并不认为抑郁是她自己的过错，也不认为自己无能、无价值或脆弱。她抑郁仅仅是因为，她沉溺在对一个复杂情境失控的状态中。

有时，抑郁是由于家庭或重要关系的冲突、破裂而造成的。抑郁的人感到自己被这种关系所困，充满失败感，但却没把过错归结于这种关系。有时，抑郁的人为抑郁病症，以及抑郁给自己周围的人造成的影响而感到难过，但他们不认为自己差或无能，他们将过错归罪于抑郁本身。

许多抑郁的人对自己很苛刻。抑郁当然不会改善我们的自我感觉。与自我的不良关系成为抑郁的前奏，并且，这种关系会随抑郁的发展继续恶化。

抑郁的时候，我们感到自己对消极事件负有极大的责任，因此，我们开始自责。这种现象的原因是复杂的，有时，自我责备是家庭中时有发生的，在我们小时候当家里出现问题时，受到责备的常常是我们。因此，即使是受虐待的儿童都学会了责备自己——这当然是荒唐可笑的。遗憾的是，善于责备他人的成年人，常挑选那些最无反驳能力的人做他们的责备对象。

抑郁者的自责是彻头彻尾的。不幸事件发生或冲突产生时，他们认为这全是他们自己的错。这种现象被称做"过分自我责备"，是指当我们没有过错，或仅有一点过错时，我们出现承担全部责任的倾向。然而，生活事件是各种情境的组合体。当我们抑郁的时候，跳出原来思考的圈子，找出造成抑郁的所有可能的原因，会对我们有较大的帮助。我们应当学会考虑其他可能的解释，而不是仅仅责怪自己。

要相信，不好的情绪人人都会有，谁都有可能抑郁。当我们情绪不佳时，只要能正确处理，不仅仅能够让我们心情变好，走出抑郁，还能够创造出精彩的人生。

自信的人生最强大

尽其心知其性,知其性则知其天。

别让自卑绊住脚步

自卑的人不管自身有多好的条件也不觉得是助力,甚至于会觉得是理所当然,自我堕落下去;而且条件不好的自卑者更会陷入自我束缚,把自身的缺点和不堪无形中放大,于是再也找不到成功的路。

纽约的深秋来临了，树叶片片落下，一阵风吹过，一个年轻的乞丐不禁打了一个寒噤，空荡荡的裤脚随风飘起。自从他的右腿断掉后，他的一切希望都化成了泡影，他变成了一个乞丐，每天靠别人的施舍过日子。

可是今天太不幸了，他一整天都没有吃东西了。乞丐走进一个庭院，向女主人乞讨。

他故意把拐杖往地面上敲打，想引起女主人的怜悯之心。

可是女主人毫不客气地指着门前一堆砖对乞丐说："你帮我把这些砖搬到屋后去吧。"

绝望的他不禁对女主人吼道："你竟然让一个哀求你的残疾人干这个！"

女主人并不生气，俯身搬起砖来。她故意用一只手拿一根棍子，一只手拿砖头，依靠一条腿走路搬了一趟说："你看，并不是非要两条腿才能干活。我能干，你为什么不能干呢？"

乞丐怔住了，他用异样的目光看着妇人，尖突的喉结像一枚橄榄上下滑动了两下，终于他俯下身子，用他那唯一的腿和一只手搬起砖来，一次只能搬两块。他整整搬了两小时，才把砖搬完，累得气喘如牛，脸上有很多灰尘，几绺乱发被汗水浸湿了，贴在额头上。

妇人递给乞丐一条雪白的毛巾说："这下你该明白了吧。要想干成功一件事，就别让自卑绊住了你的腿。"

乞丐接过去，很仔细地把脸和脖子擦了一遍，白毛巾变成了黑毛巾。

妇人又递给乞丐20美元，乞丐接过钱，很感激地说："谢谢你。"

妇人说："你不用谢我，这是你自己凭力气挣的工钱。"

乞丐说："我不会忘记你的，这条毛巾也留给我做纪念吧。"说完他深鞠一躬，就上路了。若干年后，一个穿着体面的人来到这个庭院。他举止优雅，气度不凡，跟那些自信、自重的成功人士一模一样。美中不足的是，这人的右腿是一条假肢。

来人俯下身用手拉住有些老态的女主人说："如果没有你，我还是个乞丐，是你让我克服了心中的自卑，增添了我走向成功的勇气。现在，我是一家公司的董事长。"

妇人已经记不起他是谁了，只是淡淡地说："这是你自己凭信心干出来的。"

没有右腿的乞丐是靠什么成功的？是他克服自卑增强自信后走向了成功。在他断掉右腿时，世界对他来说是灰暗的，他认为自己什么都不能做了。当他用一只手一趟趟地把砖头搬走时，他甩开了自卑的局限，获得了一种新的力量，迈开了走向成功的脚步，并最终获得了成功。

一个平庸的人如果让自卑绊住了前进的脚步，就只能像一个乞丐一样，靠施舍过日子，没有希望，更谈不上成功。如果克服了自卑，增强了信心和勇气，就像枯木逢春，依旧可以枝繁叶茂。

跳脱思维定势，定会眼界大开

一家公司招聘职员，有一道试题是这样的：一个狂风暴雨的晚上，你开车经过一个车站，发现有三个人正苦苦地等待公交车的到来：第一个是看上去濒临死亡的老妇，第二个是曾经挽救过你生命的医生，第三个是你的梦中情人。你的汽车只能容得下一位乘客，你选择谁？

每个人的回答都有他的理由：选择老妇，是因为她很快就会死去，我们应该挽救她的生命；选择医生，是因为他曾经救过你的命，现在是你报答他的最好机会；选择梦中情人，是因为如果错过这个机会,也许就永远找不回她(他)了。

在200个候选人中,最后获聘的一位答案是什么呢?"我把车钥匙交给医生,让他赶紧把老妇送往医院;而我则留下来,陪着我心爱的人一起等候公交车的到来。"

我们常常会被"非此即彼"的思维模式所限,自己"从车上下来",抛开思维的固有模式,我们可以获得更多。

法国著名女高音歌唱家玛·迪梅普莱有一个美丽的私人园林。每到周末,总会有人到她的园林摘花、拾蘑菇,有的甚至搭起帐篷,在草地上野营野餐,弄得园林一片狼藉、肮脏不堪。

管家曾让人在园林四周围上篱笆,并竖起"私人园林禁止入内"的木牌,但均无济于事,园林依然不断遭践踏、破坏。于是,管家只得向主人请示。

迪梅普莱听了管家的汇报后,让管家做一些大牌子立在各个路口,上面醒目地写明:如果在林中被毒蛇咬伤,最近的医院距此15公里,驾车约半小时即可到达。从此,再也没有人闯入她的园林。

"私人园林禁止入内"和"如果在林中被毒蛇咬伤……"有什么不同?——有时成败只在于一个观念的转变。

每晚睡前，原谅所有的人和事。闭上眼睛，清理你的心，过去的就让它过去吧。无论今天发生多么糟糕的事，都不应该感到悲伤。一辈子不长，用心甘情愿的态度，过随遇而安的生活。人常常会被自己的思维惯性给缠住，从而陷入死胡同里，怎么转也转不出来。很多时候，当我们站在一个角度看问题的时候，我们往往就会陷入一个思维怪圈。如果我们跳出这个固定思维，也许我们就会眼界大开，人生也会更上一层楼。

信心强大，你就是巨人

欧洲有一句名言："一个人的自我思想决定他的为人。"行为是思想绽放的花朵。人们外在的言行举止，无论是自然行为还是刻意行为，都是由内心隐藏的思想种子萌芽而来。

美国皮套业的明星约翰·比奇安，曾经是一名警官，只是喜欢在业余时间做皮套。后来，他创办了全美最大的制造皮套和皮带厂家——比安奇国际公司，专供执法人员和军方使用。他也担任过亨廷顿控股公司的顾问和瑟法里公司的发言人。比安奇在这个行业有极大的吸引力,当他出现在皮套展览台时,展厅的人们排着长队,只为一睹他的风采。他给别人讲过这样一段话:"信不信由你,38年前,我还年轻的时候,在咖啡厅干过活,我看见公司的老板进进出出,我观察他们时就问自己:什么使他们与众不同?他们在干些什么?我应当好好研究一下。我发现一件非常重要的事情——他们有一个重要的特点,就是充满信心。他们无所畏惧,他们是自信的。从那时起,我反复思考,后来发现,恐惧是许多问题的根源。你必须对自己有信心,如果你自己没有信心,任何人都无法相信你。"

莱尼特是一名普通的修理工。他的朋友们条件都与他差不多,但薪水却都比他高,住在高级的住宅区。莱尼特觉得很困惑,究竟自己什么地方不如他们?在见过心理医生之后,他找到了症结所在。他发现自从他懂事以来,就极不自信、妄自菲薄、不思进取、得过且过,他总是认为自己无法成功,也从不认为可以改变这一点。于是,他痛下决心,再也不自我贬低,对自己充满信心。他辞掉了原来的工作,通过面试,进入一家知名的维修公司,两年之后,成为行业中的著名人士。

上面两个例子中,两人的成功都掌握在自己的手中。一个人对自我的态度，既可以作为武器，摧毁自己，也能作为利器，开创一片无限快乐、坚定与平和的新天地。

心理学家马斯洛在《动机与个性》中提到"自我接受"这个概念。他说："新近心理学上的主要概念是：自发性、解除束缚、自然、自我接受、敏感和满足。"我们的心灵常常因为罪恶感，以及过去和现在所犯的种种过错而自惭形秽。我们渐渐缺乏了尊敬和喜爱自己的能力。为了学习喜欢自己，我们必须面对自己的缺点，容忍自己的缺点。这并不是不思进取、懒惰或是其他什么，这只表示我们必须认识到——没有人，能够百分之百地优秀，包括我们自己。要求别人完美是不公平的，要求自己完美更是荒唐。所以，千万别这么苛待自己。有时候，我们要试着练习自我放松，取笑自己的某些错误，要学习喜欢自己。

不喜欢自己的人，常表现为过度的自我挑剔。适度的自我批评是有益、健康的，有助于个人的发展；但超过了这个程度，就会影响我们的积极行为了。如果一个人过于自我挑剔，当他从事一件事时，他会觉得自己很笨拙、很胆怯，想到自己的种种缺点，便没有勇气继续下去。这样的话，他最大的敌人就是他自己了。在《圣经》中，当耶稣遇到受折磨的人时，他不去查问为什么这些人会如此，也不会给予很多的同情，而是说:"你的罪被赦免了,回家去吧,而且不要再犯罪了。"耶稣是想告诉这些人:忘记过去的错,爱自己。

是啊,只有爱自己的人,犯了错才能够改过自新。

实际上,自信原本是一种感觉,如果我们用肯定的态度去对待,久而久之它就会变成一种实在的行动,而其他人的意见或者自己的怀疑则经常会让我们对自己的能力产生怀疑。最好的办法就是不管别人怎么说,自己尽可能地去尝试。尝试越多,便对自己的局限了解得越清楚。自己的选择就会更加贴近实际。自己能做什么不能做什么逐渐分晓,自信心自然会增加。请记住:只有认为自己是巨人的时候,才会成为真正的巨人。

装得住糊涂，寻得着静处

▷ ▶ 有很多时候人的苦恼都来源于太过聪明,所以"难得糊涂"成为很多人修养身心的一种追求。人说大智若愚,能够装得住糊涂的人必然是有一种大智慧,也能够在残酷的世界里面寻得一片静处,活出自在。

生活中要学会装糊涂

不可说,不可说,一说即是错。

懂得适时收敛锋芒

中国有句老俗语,"但愿生儿愚且鲁,无灾无难到公卿。"意思是希望自己的儿子不要显示得过于聪明,即便是很优秀,也希望他能够收敛光芒,这样可以尽量避免遭遇灾祸,做到很高的位置。

秦国攻打楚国的时候，王翦为大将，统帅全国的兵力。但是王翦大军出发没有多远，他就命令人回去找秦王嬴政讨封赏。部将们疑惑不解。王翦解释说，现在他率领的是秦国所有的兵力，秦王很难放心，如果秦王不放心，这场仗就很难打赢。向秦王讨封赏，秦王就会以为他是个有得失心的人，自然不会拿全国军队反戈一击，这样才能平定楚国。像王翦这样的大将遇到秦王嬴政这样雄才伟略的国君时，都不免要装作糊涂，可见要取得国君的信任有多难。当时朝廷中一定有人妒忌王翦，怕他得胜归来位置远远高于自己，必然会向秦王进谗言。这种情况下，如果王翦只是一味地以军事为重，不懂得周旋之道，可能就真的会出师未捷身先死了。

过于优秀的人容易遭到别人的嫉妒。而有嫉妒心的人是很容易发现别人的缺点的。更何况这个世界上没有完人，优点越突出，缺点也往往越突出。因此我们不要过于优秀。

过于优秀的人往往不能合群，因为大家不愿意和过于优秀聪明的人在一起。这使他们得不到赞赏，从而产生一种自卑的心理。过于优秀的人往往会很孤单。试想，如果别人与我们相比处处不如我们，他自然不愿意和我们站在一起。这还没有算那些有嫉妒心的人，他们的破坏力是惊人的。

有些道理是再明显不过的，但是人们总是视而不见。可能人们自己没有意识到，但是确实存在这样的现象：人们往往对强者的毁灭有一种幸灾乐祸的态度，而对弱者总是无节制地同情。正是这种心态在作怪，就要求人们必须学会收敛自己的光芒。

为小事抓狂不值得

有一个人夜里做了个梦，在梦中，他看到一位头戴白帽，脚穿白鞋，腰佩黑剑的壮士，向他大声叱责，并向他的脸上吐口水，吓得他立即从梦中惊醒过来。次日，他闷闷不乐地对朋友说："我自小到大从未受过别人的侮辱，但昨夜梦里却被人辱骂并吐了口水，我心有不甘，一定要找出这个人来，否则我将一死了之。"于是，他每天一早起来，便站在人潮往来熙攘的十字路口，寻找梦中的敌人。几星期过去了，他仍然找不到这个人。结果，他竟自刎而死。

看到这个故事，你也许会嘲笑主人公的愚蠢，做梦乃是一件极其稀疏平常的小事,做噩梦也是常有的事,怎么能为此而大动干戈呢?可生活就有许多人为小事抓狂,为一点小事而和别人闹翻脸,甚至大打出手,这样的例子每天在街上都能看到。

中国有句古话说:"九层之台,起于垒土,千里之堤,毁于蚁穴。"有的时候,事情虽小,但杀伤力却很强,小则破坏人的好心情,大则可以让人前功尽弃,甚至送命。历史上有多少大风大浪都过来了,却在阴沟里翻船的例子啊?今天不也正在上演一幕幕这样的悲剧吗?

在科罗拉州长山的山坡上,躺着一棵大树的残躯。据当地人讲,它曾有400多年的历史。在它漫长的生命历程中,曾被闪电击中过14次,它都挺过来了,但在最后,它却在一小队甲虫的攻击下永远倒下了。那些甲虫从根部向里咬,一开始树还没有感觉,但却渐渐伤了元气。最后,这样一棵森林中的巨人,岁月不曾使它枯萎,闪电不曾将它击倒,狂风暴雨也没能把它摧毁,却栽倒在小小的甲虫手里。

生活中这样的例子随处可见!能勇敢地面对生活中的艰难险阻,却被小事搞得灰头土脸,垂头丧气。家务事虽小,再大的清官却也断不清。其实并非清官无能,而正是他们的高明之处。亲人之间,为一点点小事而反目成仇,实在是不应该，为何要给他们分个一清二白呢？就让他们糊涂到底吧，这样反而比分清谁是谁非更好。

别为小事抓狂，对待一些委屈和难堪的遭遇，在内心转变成另一种心情，以健康积极的态度去化解这一切。如果能从中得着更大的益处，不也是另一种收获吗？这不是比到处记恨别人，处处结下冤家强吗？有一则小故事说，有一个人经过一棵椰子树，一只猴子从上面丢了一个椰子下来，打中他的头，这人摸了摸肿起来的头，然后把椰子捡起来，喝了椰子汁，吃了果肉，最后还用外壳做了个碗。头肿的事情一下子变成好事情了。

我们之所以对小事缺乏足够的承受能力，说明我们没有把精力放在更为重要的事情上。当我们集中精力追求自己的梦想时，生活中的烦恼便会大大减少，便不会再为小事抓狂，因为我们在自己梦想的追求中得到了自我价值的实现，就不在乎身边这些丁点的麻烦事了。

面对生活中的烦恼时，我们首先要问自己："这是我生活目标中至关重要的事情吗？为此花费时间与精力值得吗？"当你用这个标准去衡量时，相信心中就有了答案。

琐碎小事不必太较真

做人不能一点都不在乎，游戏人生，玩世不恭不好；但也不能太较真，认死理，同样也不好。太认真了，就会对什么都看不惯，连一个朋友也容不下，把自己封闭和孤立起来，失去了与外界的沟通和交往，也会让自己活得很累。

桌面很平，但在高倍放大镜下就是凸凹不平的黄土高坡；居住的房间看起来干净卫生，当阳光射进窗户时，就会看到许多粉尘和灰粒弥漫在空气当中。如果我们每天都带着放大镜和显微镜去看东西，恐怕世上没有多少可以吃的食物、可以喝的水、可以居住的环境了。如果用这种方式去看别人，世上也就没有优秀的人，人人都是一身的毛病，甚至都是十恶不赦的大坏蛋了。

人活在世上难免要与别人打交道，对待别人的过失、缺陷，宽容大度一些，不要吹毛求疵、求全责备，可以求大同存小异，甚至可以糊涂一些。如果一味要"明察秋毫"，眼里揉不得沙子，过分挑剔，连一些鸡毛蒜皮的小事都要去论个是非曲直，辩个输赢，别人就会日渐疏远你，最终你自己就变成了孤家寡人。

多数人仅仅是在一些小事上较真，例如，菜市场上，人们时常为几角钱而争，不肯相让。至于一台电视2000元和2100元的100元差价，人们经常就会忽略掉，不去较真。

要真正做到不较真，不是件很容易的事，需要善解人意的思维方法。有位顾客总是抱怨他家附近超市的女服务员整天沉着脸，谁见她都觉得好像自己欠她二百吊钱似的。后来他的妻子打听到这位女服务员的真实情况。原来她的丈夫有外遇，整天不着家，上有老母瘫痪在床，下有七八岁的女儿患有先天的哮喘，自己也下岗了，每月只有五六百元的下岗工资，住在40多平方米的房子里，难怪她整天愁眉不展。明白至此，这位顾客再也不计较她的态度了，而是想办法去帮助她。

在公共场所，遇到了一些不顺心的事，也用不着去大动肝火，其实也不值得去生气。素不相识的人不小心冒犯了你可能是有原因的，也许是各种各样的烦心事搅在一起了，致使他心情糟糕，甚至行为失控，偏巧又叫你给撞上了……其实，只要对方不是做出有辱人格或违法的事情，你就大可不必去跟他计较，宽大为怀。假如跟别人较起真来，"刀对刀、枪对枪"的，再弄出什么严重的事儿来，可真是太不值了。跟萍水相逢的人较真，实在不是明智之举；跟见识浅的人较真，无疑是降低自己做人的档次。

清官难断家务事，在家里更不要较真，否则真是愚不可及了。家人之间哪里有什么大是大非、原则立场可讲，动不动搞得就像阶级斗争似的，都是一家人，何至于此？家是用来讲爱的地方，不是用来讲理的地方。大事化小，小事化了，去和稀泥，当一个笑口常开的和事佬。有位智者说，大街上有人骂他，他连头也懒得回，他根本不想知道骂他的人是谁，因为人生短暂而宝贵，还有更重要的事情需要去做，何必为这种令人不快的事情去浪费时间呢？

提倡对某些事情不必太较真，可以"敷衍了事"，目的在于有更多的时间和精力去做我们认为值得干的一些重要事情，这样我们成功的希望就多一分，朋友的圈子就能扩大几分。

古今中外，凡能成就一番大事业者，无不具有海纳百川的雅量，容别人所不能容，忍别人所不能忍，善于求大同存小异，赢得大多数人。他们豁达而不拘小节，善于从大处着眼；从长计议而不目光短浅，从不斤斤计较，拘泥于琐碎小事。

用平和的心看世界

随心、随缘、随性。

让心平和,波澜不惊

人生在世,谁都会遇到一些不尽如人意的事,关键是你要以一种平和的心态去面对这一切。

平和就是对人对事看得开、想得开,不斤斤计较生活中的得失。这样的心态,不是看破红尘心灰意冷,也不是与世无争、冷眼旁观、随波逐流，而是一种修养、一种境界。

拜伦说："真正有血性的人，绝不乞求别人的重视，也不怕被人忽视。"爱因斯坦用钞票当书签，居里夫人把诺贝尔奖牌给女儿当玩具。不要笑他们的行为举止荒唐，这正是他们淡泊名利的平常心的表现，是他们崇高精神的折射。他们赢得了世人的尊重和敬仰，也升华了自己的灵魂。

日本有个白隐禅师，由于他对宠辱的超然，受到了人们的尊重。

有一对夫妇，在住处附近开了一家食品店，家里有一个漂亮的女儿。无意间，夫妇俩发现女儿的肚子无缘无故地大了起来。这种见不得人的事，使得夫妇俩震怒异常！在父母的一再逼问下，女儿终于吞吞吐吐地说出"白隐"两字。

这对夫妇怒不可遏地去找白隐禅师理论，但这位大师不置可否，只若无其事地答道："就是这样吗？"孩子生下来后，就被送给白隐。此时，白隐的名誉虽已扫地，但他并不以为然，只是非常细心地照顾孩子——他向邻居乞求婴儿所需的奶水和其他日常用品，虽不免横遭白眼，或是冷嘲热讽，他总是一笑而过，仿佛他是受托抚养别人的孩子一般。

事隔一年后，这位没有结婚的妈妈，终于不忍心再欺瞒下去了。她向父母吐露真情：孩子的生父是在鱼市工作的一名青年。

她的父母立即将她带到白隐那里，向他道歉，请他原谅，并将孩子带回。

白隐仍然是淡若止水，他只是在交回孩子的时候，轻声说道："就是这样吗？"仿佛不曾发生过什么事，所有的责难与难堪，对他来说，就如微风拂过，不留痕迹。

是非公道自在人心。人是为自己而活，不要让外物的得失而扰乱了自己的心。白隐禅师守住了自己心中的那份平和，外界的非议对他来说，也就无足轻重了。

平和贵在平常，对待外物得失的超然只是其外在表现，真正平和的是一种境界。内心修炼至宠辱不惊的境界，不仅会正确对待得失，更会在人生大痛苦、大挫折前泰然处之。利不能诱，邪不可侵，心能昭日月。上不负天，下不愧人，桓颓其奈我何？旦夕祸福，知天达命，不违自然。从最平常的事物中，发现至真至美。

心清如水，是人生一大智慧。从失意处觅希望，从万全处见危机。猝然临之而不惊，无故加之而不怒。常思人之美，不以一眚掩大德；常思己之过，医好心病心生乐。得意不自持，失意不自失，不因为荣辱兴衰而扰乱一池清心；他人之恩，自是铭心；他人之过，却是云烟，不要为他人的作为而倾斜心中的天平。

以平和的心态踏踏实实地做事，坦坦荡荡地做人，并不因为工作的琐细而拒绝平凡的生活，并不因为名利的诱惑而放弃做人的原则。

拥有一颗平和的心，笑对一切，即使失败了也要振作。只要你奋斗、拼搏，就会赢得一片广阔的天地。

宠辱不惊，做人要稳住心气

如今社会，高效率、高速度办事已成为一种习惯，早已深入人心。但任何人要谋求发展，必须"稳步前进、谦虚谨慎、宠辱不惊"，这是毋庸置疑的。因为成大事者需要有"泰山崩于前而色不变"的沉着。

三国时期，曹操手下有一智慧超群、谋略过人的谋士——

荀攸，他辅佐曹操二十余年，期间讨袁绍、擒吕布、定乌桓，他从容不迫地谋划战争策略，处理军中各种事务，直到曹操统一北方。他始终能在残酷的人事倾轧中处于稳定地位，原因就在于他能够稳住心气，无论在怎样的情况下他都不会乱了方寸。

曹操曾对荀攸的这种低调做人的心态用一段话作出了精辟的总结："公达外愚内智，外怯内勇，外弱内强，不成善，无施劳，智可及，愚不可及，虽颜子、宁武不能过也。"由此可见，荀攸的智慧过人。他对内对外，表现得迥然不同。对内，他用过人智慧连出妙策；对外，他用坚强的意志奋勇当先，不屈不挠，但从不邀功，不争权位，表现得谦虚谨慎、宠辱不惊，甚至还不断掩盖他的功绩。

在曹操攻取袁绍的冀州时，荀攸前后谋划了十二种策略，使得曹操顺利地打败袁绍。但当有人问起荀攸当时的情况时，他的回答却极其出人意料，他说他什么都没做，即使有人称赞他是"张良、陈平第二"时，他仍然闭口不提自己的卓著功勋。

正是由于他宠辱不惊的心态，才得曹操宠信二十余年，直到建安十九年在出征途中善终而死，也没有一人在曹操面前进谗陷害他，更没有过让曹操不悦的行为，这在历史上非常罕见。在他死后，曹操痛哭流涕，说："孤与荀公达周游二十余年，无毫毛可非者。"

宠辱不惊的低调处世方式，并不像表面上看起来的那样不知喜怒哀乐。事实上，它是通过多做事少说话、沉着冷静地将自己的智慧发挥得淋漓尽致。

子曰："邦有道，危言危行；邦无道，危行言孙。"意思就是：社会、国家上了轨道，要正言正行；遇到国家社会乱的时候，自己的行为要端正，说话要谦虚，不然则会引火上身。行事要小心，做人要低调。这种低调做人的哲学透镜，它反射出一种朴素的平和与自然的情调，并在出世与入世的平衡中，向我们提供了低调做人的终极启示。可是低调归低调，在做事上却应该向高标准看齐。一个人刚进入一个环境，最重要的就是要适应，保持谦虚与低调，同时知道积极与主动。

在当今这个争名逐利、物欲横流的社会里，缺少的恰恰就是低调做人、踏实做事的精神。其实，无论对于一个人还是一个企业的发展来说，荣誉、名声都只是些虚无缥缈的东西，说到底不过是过眼云烟而已。名誉固然重要，但切实的利益、长远的发展才是更为重要的，因此，无论是个人，还是团体，只有淡化功名，踏踏实实地立足现实事业，才能更容易取得胜利，创造奇迹。

不必在意别人的看法

古代有这样一个笑话：一个衙门的差役，奉命解送一个犯了罪的和尚，临行前，他怕自己忘带东西，就编了个顺口溜："包袱雨伞枷，文书和尚我。"在路上，他一边走，一边念叨这两句话，总是怕在哪儿不小心把东西丢一件，回去交不了差。和尚看他有些发呆，就在停下来吃饭时，用酒把他灌醉了，然后给他剃了个光头，又把自己脖子上的枷锁拿过来套在他的身上，自己溜之大吉了。差役酒醒后，总感到少了点什么，可包袱、雨伞、文书都在，摸摸自己脖子，枷锁也在，又摸摸自己的头，是个光头，说明和尚也没丢，可他还是觉得少了点啥，念着顺口溜一对，他大惊失色："我哪里去了，怎么没有我了？"

这虽然是一则笑话，可笑过之后，却让人深思。有句名人名言："我是命运的主人，我主宰我的心灵。"做人应该做自己的主人，应该主宰自己的命运，不能把自己交付给别人。生活中有的人却不能主宰自己，有的人把自己交付给了金钱，成了金钱的奴隶，有的人为了权力，成了权力的俘虏。

做自己的主人，就不能成为金钱的奴隶，不能成为权力的俘虏，要不失自我，在各种诱惑面前保持自己的本色，否则便会丢失自己。过于热衷于追求外物者，最终可能会如愿以偿，但却会像差役一样把最重要的一样给丢了，那就是自己。

从现在起，做自己的主人，不要让别人来控制你。达尔文当年决定弃医从文时，遭到父亲的严厉斥责，说他是不务正业，整天只知道打猎捉耗子。在他的自传上写着："所有的老师和长辈都说我资质平庸，我与聪明是沾不上边的。"而就是这样一个不务正业、与聪明不沾边的人，却成了生物进化论的发明者。

我们应该做命运的主人，不能任由命运摆布自己。当我们面对生活中不可避免的挫折、困难、病痛时，如果被打败，让这些生活的绊脚石主宰了自己，整天专注于病痛的折磨上，使自己的日子只有痛苦，而没有快乐，那便是丧失了自我。真正的命运的主人，是能够战胜病痛的，是不会向命运屈服的。像达·芬奇、莫扎特、梵高等等，都是我们的榜样，他们都曾受到过命运的不公平待遇，但他们没有屈服于命运，没有向命运低头，他们向命运发出了挑战，最终战胜了它，成了自己的主人，成了命运的主宰。

挪威大剧作家易卜生有句名言说："人的第一天职是什么？答案很简单：做自己。"是的，做人首先要做自己，首先要认清自己，把握自己的命运，实现自己的人生价值，只有这样，才真正算是自己的主人。

我们有权力决定生活中该做什么，不能由别人来代做决定，更不能让别人来左右我们的意志，而自己却成了傀儡。只有自己最了解自己，别人并不见得比自己高明多少，也不会比自己更了解自身实力，只有自己的决定才是最好的。

恬静安然是人生最美

种如是因,收如是果,一切唯心造。

无论失意和得意,都请你选择淡定

很多时候,你觉得人生不顺,逆境难行,或许不过是你的主观感觉而已,或许情况并没有你想象的那般恶劣,不过是因为你的心情不好,然后产生了悲观的折射罢了。这时候需要自我调节,无论是通过倾诉还是通过心理辅导,不过,这些措施都还是次要的，关键是要自己帮助自己。适当地休息与深刻地思考或者会帮助你拨开云雾见晴天。

失意是不能避免的，就像在大海中航行的船，是不可能不带伤口的，但我们不能因为一时的失意而把自己的整个人生变成灰色。失意的时候要进行自我情绪调理，或者找人倾诉一下，或者找一个途径或方法排解掉郁闷的情绪，这样才能整装上阵，从头来过。

对于不同的人而言，令其失意的导火线是不同的，所以当你深感失意的时候，就不要再盲目地前行了，休息片刻，调整好方向，反而是磨刀不误砍柴工。自己才是最了解自己的人。有时候，面对心理医生你或许有的问题难以启齿，反而误导了辅导方向。所以，要依靠自己的力量找出问题的根源。找到了问题的原因才能有的放矢地去解决问题。在失意的时候，如果条件允许，那么尽量不要一直一个人待着，这时候朋友就显得非常重要。片刻思考过后，把问题想明白也罢，想不明白也罢，都不要再执著地思考下去，或许你的思路已经陷入了一个死胡同了。所以，这时候你需要放松，需要和一大帮朋友一起做一些开心的事情。或许当你大笑一场过后，再去想那些当初想不通的问题时，你会发现导致你失意的那个原因已不存在了。

失意的人大多数时候都处于一种自我厌倦的情绪中，这时候想凭借个人之力改变自我情绪是困难的，所以要积极地让自己处于欢乐中，让所从事的活动的愉快带动你的情绪，或许在不经意间，你的那些小小的失意就会自动烟消云散。

失意就像沼泽地一般，你越是深陷其中，越是难以自拔。所以，这时候要学会停步，及时调整你的心态，及时重新规划你的航程方向，以变逆境为顺境。得意时淡然，失意时坦然，不管是顺风还是逆风，我相信它们都无法真正阻止你向前方航行，唯一阻碍你前进的只有你自己。所以说，失意的时候最关键的是保持信心，不能因为环境的变化，而对自己的定位和能力也产生怀疑。

每一个成功的人都有过失意的经历，像诗仙李白、诗圣杜甫等，哪一个不是因为人生失意的境况下，写出一些旷世绝句？苏东坡一生多次被贬，但他对自己的荣辱得失很豁达，这与他得益于禅的领悟不无关系。自他修禅开悟之后，沉浮不伤其情，苦乐不动其心。他在连连遭到贬谪之时，还是那么的超然洒脱。北宋时期，范仲淹主持"庆历新政"，当他被谪居邓州时，突然从高处跌入了人生的谷底，可是他依然可以"心旷神怡，宠辱偕忘"。

所以说，在失意的时候千万不要垂头丧气，对自己失去信心。去阅读那些名人逸事，你会发现他们也有和你一样不顺利的时候，可是他们却顽强地走过来了，走过那些被乌云遮盖的、没有阳光的日子，后面迎接他们的才是万里晴空。

古人告诉我们，人生在世短短数年，只有视宠辱如花开花落般平常，才能不惊；视名利如云卷云舒般坦然，才能无意。

人生百味，顺境逆境，得意失意，不过是一种心境。当你遭遇到人生失意的时候，可以选择痛哭一场；但是要记住时间不要太长，否则会错过更多的美好。倒不如及时整理好情绪，再次起航，迎接下一个成功。

在人的生命航程中，顺风、逆风不过是两种不同的航行状态而已。我们不能奢望一帆风顺，也不可能总处于逆风状态，这两种状态总是交替着出现，才让我们的人生呈现出不同的姿态。面对这样的人生，我们要做到得意时淡然，失意时坦然。

成功路上不妨时时来点悠闲

人，不能一生悠闲，也不能一生没有悠闲。悠闲是对生命状态，自身过重压力的一种调整，我们每个人都需要这种调整。

在一个美丽的海滩上，有一位不知从哪里来的老翁，每天坐在固定的一块礁石上垂钓。无论运气怎么样，钓多钓少，两小时的时间一到，便收起钓具，扬长而去。

老人的古怪行动引起了商人的好奇。

商人忍不住问："当你运气好的时候，为什么不一鼓作气钓上一天？这样一来，就可以满载而归了！"

"钓更多的鱼用来干什么？"老者平淡地反问。

"可以卖钱呀！"商人觉得老者傻得可爱。

"得了钱用来干什么？"老者仍平淡地问。

"你可以买一张网，捕更多的鱼，卖更多的钱。"商人迫不及待地说。

"卖更多的钱来干什么？"老者还是那副无所谓的神态。

"买一条渔船，出海去，捕更多的鱼，再赚更多的钱。"商人认为有必要给老者订一个规划。

"赚了钱再干什么？"老者仍显出那副无所谓的样子。

"组织一支船队，赚更多的钱。"商人心里直笑老者的愚钝不化。

"赚了更多的钱再干什么？"老者已准备收竿了。

"开一家远洋公司，不光捕鱼，而且运货，浩浩荡荡地出入世界各大港口，赚更多的钱。"商人眉飞色舞地描述道。

"赚了更多的钱还干什么？"老者的口吻已经明显地带着嘲弄的意味。

商人被这位老者激怒了，没想到自己反倒成了被问者。"你不赚钱又干什么？"

老人笑了："我每天钓上两小时的鱼，其余的时间嘛，我可以看看朝霞，欣赏落日，种种花草蔬菜，会会亲戚朋友，优哉游哉，更多的钱于我何用？"说话间，已打点行装走了。

老者以一种悠闲的心态在海滩上垂钓，观朝霞，赏日落，这是多么令人神往的人生境界啊！

喧嚣的都市，繁忙的工作，给我们造成了太多太多的心理压力，那么，我们何不让自己像那位老者，给自己的身心一个释放压力的机会呢？

其实，悠闲是生命本身的一种自然状态。悠闲无法刻意去创造，而要靠心去感受。工作之余，偕三五知己一起去公园散步，有的人可以忘情无极，优哉游哉，不知身躯和灵魂之所在，不知不觉地坠入了悠闲的境界；而有些人虽然一心想悠闲起来，但几点几分还有什么事情要处理的念头会不时冒出来,挥之不去,他是无论如何也悠闲不起来的。所以,悠闲是一种心灵境界。

悠闲也是一种文化品位。醉中舞剑,隔窗读雨,无不是情趣欣然。但悠闲更是一种生态品位。茶余饭后,老农躺在院坪的竹椅上,"叭叭"地吸着烟,什么也不想,什么也不做,任微笑照亮满脸铜釉般的慈祥;信步由足,樵夫和着扁担的节奏,自由散漫地唱着古老的情歌,你能说这不是悠闲?文化品位通向生态品位,悠闲的状态进入更高的境界。悠闲是全人类的财富,但不是人人能够拥有的财富。

因此,悠闲无法做作。游手好闲与悠闲无关,无所事事也不是悠闲。如果把无所事事比喻为空旷萧瑟的原野,悠闲则是风光旖旎的自然旅行区。容易学到游手好闲,可以装作无所事事,但却装不了悠闲。

在心中种一棵"忘忧草"

生活是个万花筒,有时不免长出一棵让人忧郁、烦恼的花,破坏你的好心情,使你的生活黯然失色。此时,你不妨学着在心中种一棵"忘忧草",让它帮你遮挡忧郁,给你的心灵带来芳香与快乐。"忘忧草"可以是一本秘密日记,可以是一次倾情诉说,可以是一曲高山流水,也可以是一次翩翩起舞……

当心情不好时,可以打开日记,把所有的忧郁、烦恼和不快都融入笔端,写入日记,这样一方面可以宣泄心中的不快,另一方面可以理清心绪,平静心情,有时还能"顿悟"和释然。你可以在日记中倾诉生活的烦恼,可以"痛骂"给你带来不快的领导,可以"诉说"失恋给你带来的伤痛。总之,一切的不快乐都可以在日记中宣泄,而宣泄过后,肯定会有如释重负的感觉。

如果说写日记是向自己倾诉,那么写信或谈话便是向知音、朋友、师长等信任的人倾诉。可以从他们那里得到同情、理解和帮助。只要勇于打开心扉,朋友便会尽力帮你减轻心理负担的压力,为你分担坏心情。

此外,在忧郁、烦闷时,你也可以痛哭一场,可以大吼几声,可以放声高唱或打球、跑步、洗澡。借此来忘掉忧愁,但任何宣泄方法都不可过分,更不能伤害别人或自残,应当适时、适度地宣泄。

心情不好时，可以听一段轻松愉快的音乐，让舒缓的旋律来抚慰那纷乱的心绪，让自己陶醉在音乐中，心绪自然会随着高山流水而欢呼雀跃；可以外出漫步散心，让优美的景色、新鲜的空气冲淡内心的不快与烦躁。这种转移情景法有利于帮你从坏心情中超脱，让你时时沉浸在快乐中。

你也可以暂时放下手头的活，离开令你伤心、烦恼的地方，去做一些自己感兴趣的事来转移你的注意力，忘掉烦恼和不快；也可以参加一些集体活动，在欢乐的气氛中摆脱痛苦的阴影。

生活中如果我们能以乐观的态度去对待一切，好心情就会常伴我们。生活中有人什么都不缺，就是不快乐；而有的人什么都不如别人，但却整天乐呵呵的。他们的差别不在于拥有多少，而在于内心知足于否。

一个身材矮小的学生，总感到自己身体条件不如别人，自卑得很。有一天他参观了聋哑学校后，觉得比起那些残疾人来，自己多么幸运，于是他不再为自己的身材而烦恼，从此他努力培养自己的特长，力图在成绩、能力上超过别人。只要知足常乐，你就会成为一棵"忘忧草"，就能经常拥有好心情。

忘忧草，多么神奇的草啊。每一个人都可在心中种下这样一颗让你忘记忧愁、忘记烦恼的草。

在困境中，不慌不忙变坚强

▷ ▶ 这个世界并不完美,你想要的理想生活需要你努力去实现,而在实现的过程中自然会遇到一些大大小小的困境。如果你在困难面前止步、后退,乱了阵脚,那么可想而知,你的生活也会陷入慌忙杂乱中,甚至再也不出困境来了。要知道,越是成功的人,所经历的磨难可能越多,因此,无论面临怎样的困境,请你选择不慌不忙地坚强。

面对困境不要逃避

忍苦捍劳,繁兴大用,虽粗浅中皆为至实,惟贵心不易移,一往直前履践将去,生死亦不奈我何。

逆境中,才能认清自己

人总是有劣根性的,有些人当自己幸福的时候,从来不会去想别人的不幸。也有很多人,在顺风顺水的时候,很少能看清自己。但是当处在逆境中时,人会沉静下来,会思考自己做过的事情，自己犯过的错误。应该说，逆境是人的一生当中最好的一位老师，它能让你彻底看清自己。

相信每个人都有这样的感触，要是身体无恙，肯定不会惦记着自己的健康，肯定意识不到运动对健康是多么重要，但是有一天你病了，你才会意识到健康对自己是多么重要；只有那些失明了的人才更加珍惜光明，那些成年后失明、失聪的人就更是如此。然而，那些耳聪目明的人却从来不好好地利用他们的这些天赋。他们视而不见、充耳不闻，无任何鉴赏之心。事情往往就是这样，一旦失去了的东西，人们才会留恋它，人一旦处于逆境之中，才能看清自己。

曾为宏达国际总经理、退休后从事公益事业的卓火土先生，本来生长在一个富裕之家，在他14岁的那一年，正当他快乐成长之时，爸爸在家门口给车撞了，虽然他与家人立刻送父亲赶到医院急诊，但父亲还是在他眼前走了。家中的顶梁柱倒下了，家从此走向了苦难。这样的遗憾对一个少年而言是十分惨痛的，却也使得他在后来的人生中立志成为了一个有用的人——后来他在一个有名的国际大公司里担任了总经理。当他谈起这次经历时说，这是他人生重大转折点！也让他知道，以后家人的生存重担全落在自己肩上了，他必须争气才能使家人从苦难中重获新生。也是家庭的那次变故让他认清了自己身上的担子，让他更加认真地去走自己的人生之路。

逆境最能使人谨小慎微，见微知著，经历磨难的人往往比顺境中过来的人更能正视社会现实；昂贵的痛苦和厄运，往往能成就一个人逆流而上的勇气。

逆境对于天才是一块垫脚石，对于能干的人是一笔财富，对于弱者是一个万丈深渊。拉梅奈说："不懂得苦难裨益的人，并未过着聪明而真实的生活。"因而逆境可能是助力，但也可能是阻力。逆境如果使人变得怀疑人性、悲观消极或者愤世嫉俗，它就是一股阻力；如果将它转化为动力，将成为你奋发图强的力量。看过世态炎凉，经历了人生逆境而且愿意奋发向上的人，大都能拥有双赢人生。

逆境比困境更能激发人的斗志，更能锻炼人的意志；在这样的逆境中，也更能看清自己的位置。就像春天的特色只有在冬天才能认清，在火炉背后才能吟出最好的五月诗篇。

逆境，让你彻底低下自己曾经不可一世的头，真切地思考自己所经历的和应该做的事情。当一个人能够在逆境中看清自己的时候，他就为自己走出困境迈出了关键的一步，人在看清楚了自己之后，才会更有动力去实现自己的目标，才能更加确定自己的判断。

社会不会主动迁就你

学校生活和社会生活相通，但又不同，正如北大法学院校长朱苏力告诫毕业生：社会更多是一个利益交换的场所，是一个市场，是"平民政治"。评价的主要不是你的智力优越与否（尽管你的聪明和智慧仍然可以帮助你），而是你能否拿出什么别人想要的东西。这个标准不再由中心——教师确定，而是分散——由众多消费者确定。

"尽管社会和市场的手是看不见的，但它讲的都是看得见、摸得着的；它不讲期货，讲也都是将之转为现货。你可以批评它短视，但它通常还是不会，而且没有义务，等待你成长和成熟。它把每个进入社会的人都当作平等的个体，不考虑你刚毕业，没有经验。如果你失去了一次机会，就与这个工作擦肩而过；不像在学校，会让你补考，或者到老师那里求个情，改个分数。"人生不售回程票，不是所有的事情都可以重来，人卷挟于社会中，犹如置身于你不得不身陷其中的舞台，你注定要扮演某个角色，虽非心甘情愿，却也无可奈何。知道树为什么会落叶吗？花儿为什么凋谢后来年又会开花吗？知道小草为什么每到秋天就枯黄，春天就破土而出吗？知道大雁为什么要南飞吗？……太多的为什么，你知道吗？也许你并不十分清楚，但你要明白，通过这么多的为什么，它们学会了成长。

没有了先"死"后"生"的成长，你的人生不会精彩，更不会成长，就像蝴蝶一样，终有一天破茧而出，从令人厌恶的毛毛虫变成美丽的蝴蝶，你也不会从谁都不愿理的丑小鸭变成美丽无比的白天鹅。这是一个过程，是生命中不得不经受的历练，也许蜕变的过程是坎坷的，但只有在这种坎坷中，你才会成长，才会懂得与社会和谐相处。

当你觉得处处不如人时，不要自卑，记得你只是平凡人。当别人忽略你时，不要伤心，每个人都有自己的生活，谁都不可能一直陪你。当你看到别人在笑时，不要以为世界上只有你一个人在伤心，其实别人只是比你会掩饰。当你很无助时，你可以哭，但哭过你必须要振作起来，即使输掉了一切，也不要输掉微笑。

脚踏实地,不折腾最容易成功

一个老人教孩子做人的道理,他把一个装着五颜六色糖果的瓶子放到孩子面前,对他说:"你要是喜欢,可以随便吃,不要客气。"

孩子很高兴,伸出小手,抓了满满的一大把,但是瓶口太细,孩子的小手被瓶口卡住了。他仍然不甘心地转动着手臂,试图把手拿出来,但是他的小手里抓了一大把糖果,他舍不得放弃手中的糖果。相对于细细的瓶口来说,他的小拳头实在是太大了。

孩子痛得大哭起来,老人语重心长地说:"孩子,只要你少拿一点,你的手就能出来了,你可以多拿几次,一次少拿一点儿不就行了吗?"

的确,一点一点地拿,孩子就可以吃到很多的糖果。荀子说过:"积土成山,风雨兴焉。积水成渊,蛟龙生焉……故不积跬步,无以至千里;不积小流,无以成江海。骐骥一跃,不能十步;驽马十驾,功在不舍。"他是想告诉我们:做事要一小步一小步地积累,最后才能够成功。把这段话用到生意场上是再合适不过了。

很多人做生意时，都梦想着有朝一日发大财，也像那些成功人士一样，戴名表、开名车、住豪宅。当看到自己的生意始终不温不火时，心里就有点不平衡了，开始占一些小便宜，更有甚者，一些人还走上歪门邪道，这些可是做生意的大忌，其结果不言自明。

林玉峰是一个农民，看到别人都发家致富，心里很不是滋味，况且他早就厌烦了每天脸朝黄土背朝天的日子，梦想着哪一天自己也过上富人的生活。于是他东挪西凑借了5万块钱买了一辆二手车，跑起了运输。

开始时林玉峰很能吃苦，时常在货车中过夜。运货挣到的钱一部分邮寄回家，一部分用于还债，运货从没有出现过问题。

但是，时间一长，林玉峰就受不了了：这样挣钱太辛苦也太慢了，自己哪一天才能发达啊。经过几天的冥想，林玉峰想到了一个发财的点子。

有一天，有一个客户找到林玉峰，想雇他的车往乌鲁木齐运木耳。林玉峰马上感觉到机会来了。与客户办好了手续后，林玉峰拉上木耳出发了，但是，他不是去乌鲁木齐，而是把车开到了吉林的珲春市。在那里，他把木耳低价卖给了一个经销商，得到了30万元钱。随后，他开始了挥霍的生活，每天都过着灯红酒绿的日子。

但是，仅仅过了1个多月的时间，公安人员就找到了他，给他戴上了锃亮的手铐。

做事情不脚踏实地，只会瞎折腾，想成功是不可能的事。

很多生意人也是这样，总想着一次就能大捞一把。出于这个目的，他们会把投资做得很大，把摊子铺得很宽，还会在时机尚未成熟的时候扩大规模，而这一切无非就是想把网撒开捕捞大鱼，希望一夜就能赚足一生都享用不尽的财富。这种急功近利的心态和想"一口吃成胖子"的贪婪往往让人失去更多，而不是得到更多。

胡雪岩的一生富有传奇色彩。他小时候家里很穷，每天去给地主放牛。13岁了还没有进过学堂。一天，他在路边凉亭里捡到了一个包满金银财宝的大包裹。一般人可能会想，这个可发大财了。但胡雪岩牢记母亲的教诲："东西不是自己的，就一定不能拿。"于是他在那里等了大半天，终于将包裹归还失主，并拒绝了他的重金酬谢。

丢失钱财的人是一个杂粮店的老板，为感激胡雪岩，他请胡雪岩去给他当伙计。胡雪岩经母亲同意后，到杂粮店当了一个学徒，一干就是2年。这期间胡雪岩热心照顾了一个来杂粮店做生意的客人，那个客人一病不起，花光了所有的钱，焦虑绝望。他在胡雪岩的照顾下，从重病到康复。

其实这个客人是金华火腿行的老板。胡雪岩的为人处世令他十分感动。于是请胡雪岩到他那里做事。在金华火腿行，胡雪岩大开眼界，他第一次接触到了银票，知道了钱庄，他很想自己也成为一个钱庄老板。于是每天暗自练习书法，练习珠算和心算。掌握了袖里屯金的计算技能。这是一种不用纸笔算盘单靠心算计账的方法。在和钱庄伙计对账的时候，这种本领让钱庄的人对他刮目相看。于是钱庄的老板又请他当了伙计。这也为胡雪岩一生成功打下了基础。后来胡雪岩果真成了钱庄老板，从此发迹成为一代富商。

胡雪岩从一个穷放牛娃到成为一个传奇富商，他的人生在不自觉地做着阶段性的合理调整。在家放牛，就要像个放牛的，能把牛照顾好，在外做学徒，就要让老板满意。正因为他的勤奋好学，踏实肯干，他得到了各任老板的赏识和推举。

不管是做什么，我们都要讲一个脚踏实地，不瞎折腾的人是最容易成功的。

脚踏实地做生意，就能避免好高骛远。明明是小作坊，却偏要当成跨国公司来玩,结果既增加了管理成本,又与理想中的效果相去甚远。一些生意人总是梦想着能找到一条迅速致富的捷径,不肯低下头来,看看自己身边的需求与市场,勿以"赚"小而不为。

脚踏实地做生意,就能抓好每一个环节中的每一个细节。一个定价或许就决定了经销商对我们的态度,一句广告里的文字或许就影响了消费者对我们产品的印象,以本性的踏实坦诚赢得客户的好感带来预想中的订单……细节决定成败,老生常谈却不是空谈。

脚踏实地做生意,意味着远离投机取巧。抛开商业道德不谈,投机取巧的行为并不能带来快速的成功,反而会加大操作成本。10万元可以打通某些关系,也可以策划一场全国性的促销活动,可是即使关系打通了,促销活动同样要做,成本的增加远远超过了销量的提升。凭借暗箱操作或者给对手致命一击,虽然对手倒下了,但是原本两个人承担的市场开拓的成本也就只能落在一个人肩上。

总之一句话,脚踏实地,不折腾,才是成功的不二法门。

在困境中不能止步

悟佛之言,定要行佛之行。

有压力,才有成长

一只鲷鱼和一只蝶螺在海中,蝶螺有着坚硬无比的外壳,鲷鱼在一旁赞叹着说:"蝶螺啊!你真是了不起呀!一身坚强的外壳一定没人伤得了你。"

蝶螺也觉得鲷鱼所言甚是,正洋洋得意的时候,突然发现敌人来了。鲷鱼说:"你有坚硬的外壳,我没有。我只能用眼睛看个清楚,确定危险从哪个方向来,然后,决定要怎么逃走。"鲷鱼便"咻"的一声游走了。

此刻呢,蝾螺心里在想,我有这么一身坚固的防卫系统,没人伤得了我啦!我还怕什么呢?便缩进坚硬的壳里,等待危险过去。

蝾螺等呀等,等了好长一段时间,也睡了好一阵子了。它心里想:危险应该已经过去了吧!它想探出头透透气,但是当它冒出头来时才发现,危险就在眼前。它不得不扯破了喉咙大叫:"救命呀!救命呀!"

这个故事告诉我们,过分封闭自己或自我膨胀的人,都将丧失自我成长的机会,自陷危险之境而不自知!

当把一只青蛙放进一锅烧得滚烫的开水中时,它就会一下子从里面跳出来,但是把青蛙放在温水里,然后在锅底下慢慢加温,青蛙在温水里自由地游泳,当水温慢慢升高的时候青蛙丝毫没有感觉,当它感觉到不舒服想跳出来的时候,双腿已经没有力量——它被煮熟了!

面对改变,我们时常会觉得有些不习惯,或者感觉有些压力,甚至是恐惧,可是我们要知道:这正是我们成长的时刻!

如果我们不想接受这些不习惯或者压力,那么就去做原来一直都在做的、一直都习惯做的事情，当然我们也将一直是过去的我们。若想要真正成长，那就要突破舒适的范围，也就是要暂时失去安全感。

当我们感觉自己有些不习惯，有些紧张或者压力甚至是恐惧的时候，起码要知道，我们正在成长。

挫折带来痛苦，痛苦留下教训

在人生的道路上可能碰到各种各样的挫折，但造成挫折的因素却不是多不可数的。具体分析大致有以下几个方面的因素：自然因素、社会因素、家庭和学校的因素以及个人因素。很多的时候人们不可能完全避开这些因素，或不让这些因素发生作用。

除了自然条件和社会环境的限制以外，个人因素也是造成挫折的重要原因。个人因素可以分为两方面。一方面是个人所具备的条件，使自己不能随心所欲地达到目标，如个人的智力、能力、体力和生理上的缺陷造成的限制。例如：患有色盲症的人不能成为画家和医生，这些是生理因素导致的挫折。另一方面是个人的动机冲突。在许多情况下，个人所追求的目标不止一个，可是由于事实的逼迫不得不对某些自己喜欢的人、事、物忍痛放弃。在某一动机满足的同时，另一动机要受阻，这种强迫性的选择，也会构成挫折。此外，个人的欲望和社会道德标准之间，也常常出现冲突。如采购员在伴有好处费的劣质产品面前，一方面很想要好处费，另一方面，又要恪守职业道德，产生心理冲突，结果也导致心理挫折。当然，如果一个人本来具有做某项工作的能力，可是自我估计过低，畏缩不前，就会错过成功的机会，同样会陷于遭受挫折的境地。此外，有些挫折是由于个人某些不合理的要求得不到满足而产生的。还有，对于同样的挫折境遇，心理不健康的人更容易产生挫折心理。

总之，造成挫折的因素是多方面的，因此我们只有认真地分析出现挫折的原因，才能有针对性的，用正确的态度和方法面对挫折、经受考验，最终战胜挫折，走向成熟。

挫折给我们带来痛苦，也给我们带来宝贵的经验，正如杰出的美国政治家和科学家富兰克林所说的"只有痛苦会留下教训"。

在琐碎事中打磨自己

许多人常常抱怨自己的工作过于琐碎无聊:"我的工作真是无聊透顶。""每天面对重复的工作,我简直要疯了!""工作做完就行了,哪还管得了那么多!"……

也许我们每天所做的可能就是接听电话、处理文件、参加会议之类的小事。我们是否对此心生抱怨,是否因此敷衍应付?

有一位女孩大学毕业后,去应聘秘书的工作,被录取了,由于公司里暂时没有秘书的空缺,经理就暂时安排她做泡茶的工作,领秘书的薪水。

刚开始,她很乐意,认为泡茶的工作简单,又可以领秘书的薪水,于是很安心地为公司同事泡了一段时间的茶。三个月过去了,女孩依然做着泡茶的工作,她开始沉不住气了:"我好歹也是个大学生,却天天来做泡茶这样乏味的小事。"心里怀有怨气的她这样一想,泡茶就不像从前那样愉快了,泡出来的茶也一天不如一天。

又过了一段时间,有一天,她将泡好的茶端给经理喝,经理喝了一口茶就吐了出来，大吼道："这茶怎么泡的，难喝得要命。亏你还是大学生呢！连茶都泡不好。"女孩听了，肺都要气炸了，几乎要哭着喊出来："谁还要在这个鬼地方继续泡茶！"她当即决定，下午就不干了，炒老板的鱿鱼。

正在这个时候，公司有位重要客户来访，经理叫她泡茶招待客人。女孩只好收敛起不满与委屈，心里想："这可能是我在公司泡的最后一壶茶了，不如好好地泡，不要让客人觉得大学生连茶也泡不好。"

她专心地将茶泡好，用灿烂的微笑将杯子递给客户，客户喝下一口就说："呀，好久没喝过这么好的茶了。能把茶泡得这么好的人，做任何工作都是可以胜任的。"经理也喝了一口，称赞道："这壶茶真的特别好喝！"

不久，公司做成一笔大买卖，女孩调任秘书的工作。

我们身边有太多的人，总是不屑于小事，总是太自信于"天生我材必有用，千金散尽还复来"，总是盲目地认为"天将降大任于是人也"。但是，能把自己所在岗位的每一件事做成功就很不简单了。不要以为美国总统比村民组长好当，有其职就有其责，有其责就有其忧。如果力有所不及，才有所不逮，必然导致混乱，所以，重要的是做好眼前的每一件事，哪怕这件事是让我们泡茶。

北京中关村一家公司的人事部经理曾感叹道:"每次招聘员工,总碰到这样的情形——大学生与大专生、中专生相比,我们也认为大学生的素质一般比后者高。可是,有的大学生自诩为天之骄子,到了公司就想唱主角,强调待遇。别说挑大梁,真正找件具体工作让他独立完成,却拖泥带水,漏洞百出。本事不大,心却不小,还瞧不起别人。大事做不来,安排他做小事,他又觉得委屈,埋怨你埋没了他这个人才,不肯放下架子干。我们招人是来工作、做事的,不成事,光要那大学生的牌子干吗?所以有时候,大学生、大专生、中专生相比之下,大专生、中专生反而更实际,更有用。"

当我们对工作感到厌倦而抱怨时,当我们对公司的制度产生质疑时,与其抱怨,不如直面现实,正视自己的工作。我们在工作时,眼睛不妨向高处望,但手却要从低处做起。不要把时间浪费在发牢骚、抱怨等没有意义的事情上,要做,就全心全意地去做;要是不想做,就早日另谋高就。如果我们只是个小技术员,我们可以花上几年的时间,把我们手中的工作做到尽善尽美,这样胜任愉快的工作,不比一天到晚混时间、发牢骚好得多吗?

有些时候,抱怨的确能赢得一些善良人的宽慰,使我们内心的压力暂时得到缓解。同时，口头的抱怨就其本身而言，不会给公司和个人带来直接经济损失。但是，持续的抱怨会使人的思想摇摆不定，进而在工作上敷衍了事。抱怨使人思想肤浅，心胸狭窄。一个头脑装满了抱怨的人是无法想象未来的。抱怨只会使我们与公司的理念格格不入，更使自己的发展道路越走越窄，最后一事无成。

重视工作中的小事。世事皆无小事，事事都是工作，只要是对工作有利的事，无论多小，或者多么微不足道，都值得重视。

坚持自我终有收获

不以有行,亦不以无行。

一勤天下无难事

为了实现更好、更大的工作成就,加薪也好,提升也好,你必须不断地奋斗,而勤奋刻苦地训练专业技能尤其必要。如果你是有志于工作的人,每天都应该把这个问题在自己的心中问上几遍:"我勤奋吗?"

无论时代怎样变迁,都不要忘了勤奋,勤奋是你最大的资本。

事实上,在一个公司里,并非具有杰出才能的人就容易得到提升,而是那些勤奋刻苦,并有良好技能的人才有更多的机会。

俗话说,一勤天下无难事。勤奋刻苦是一所高贵的学校,所有想有所成就的人都必须进入其中,在那里可以学到有用的知识、独立的精神和坚忍不拔的习惯。其实,勤劳本身就是财富,如果你是一个勤劳、肯干、刻苦的员工,就能像蜜蜂一样,采的花越多,酿的蜜也越多,你享受到的甜美也越多。

曾有人问李嘉诚的成功秘诀,李嘉诚讲了一则故事:

日本"推销之神"原一平在69岁时的一次演讲会上,当有人问他推销的秘诀时,他当场脱掉鞋袜,将提问者请上讲台,说:"请你摸摸我的脚板。"

提问者摸了摸,十分惊讶地说:"您脚底的老茧好厚呀!"

原一平说:"因为我走的路比别人多,跑得比别人勤。"

提问者略一沉思,顿然醒悟。

李嘉诚讲完故事后,微笑着说:"我没有资格让你来摸我的脚板,但可以告诉你,我脚底的老茧也很厚。"

人生中任何一种成功的获取，都始之于勤并且成之于勤。勤奋是成功的根本，既是基础，也是秘诀。一个人要取得成功，唯一的捷径就是踏踏实实，摆脱浮躁的情绪，认真对待自己的工作。

命运掌握在勤勤恳恳工作的人手上，所谓的成功正是这些人的智慧和勤劳的结果。即使你的智力比别人稍微差一些，你的实干也会在日积月累中弥补这个弱势。

在工作中，许多人都会有很好的想法，但只有那些在艰苦探索的过程中付出辛勤工作的人，才有可能取得令人瞩目的成果。同样，公司的正常运转需要每一位员工付出努力，勤奋刻苦在这个时候显得尤其重要，而你的勤奋的态度会为你的发展铺平道路。

绝大多数初入职场的年轻人，不管在哪个领域，从事什么样的工作，都会经历一段或长或短的"蘑菇"期。在那段时间里，年轻人就像蘑菇一样被置于阴暗的角落（在不受重视的部门，做着打杂跑腿的工作），时常有"大粪淋头"（无端的批评、指责、代人受过），处于自生自灭的状态（得不到必要的指导和提携）。无论多么优秀的人才，在工作初期都有可能被派去做一些繁琐的事情。在这种情况下，勤奋便显得尤为重要。

富兰克林曾经说过，年轻人最宝贵的资源是时间，如果不充分利用时间来换取其他的资源，而是敷衍了事，那最后的结果只能是白白地浪费了自己的青春。这无疑是所有可悲事情中最可悲的一种，一年甚至几年的时间流逝了，你却依然揣着最初的资源，甚至更少。

传奇人物王永庆，15岁小学毕业后被迫辍学，在台湾南部一家米店当小工。他并没有因为自己的工作卑微而敷衍了事，而是踏踏实实地做好自己手上的每一件事。除完成送米工作外，他悄悄观察老板怎样经营，学习做生意的本领，因为他总想：假如我也能有一家米店……

第二年，王永庆请父亲帮他借了200元台币，以此做本钱，在自己家乡嘉义开了家小米店。王永庆踏实认真的做事风格又一次得到了体现。小店刚开始经营时困难重重，因为附近的居民都有固定的米店供应，王永庆只好一家一家登门送货，好不容易才争取到几家住户同意用他的米。他知道，如果服务质量比不上别人，自己的米店就要关门。于是，他特别在"勤"字上下功夫，甚至趴在地上把米里的杂物一粒粒拣干净。

为了多争取一个用户，他还会深夜冒雨把米送到用户家中。他的服务态度很快赢得了众多用户，业务逐渐开展起来了。

不久，王永庆又开设了一个小碾米厂，由于他处处留心，经营水平日渐高超。再加上他勤快能干,每天工作十六七个小时,克勤克俭,业务范围逐渐拓宽。此后,又开办了一家制砖厂。

发迹的王永庆成为了台湾传奇式的人物。他成功的原因之一,正是王永庆本人常常提及的"一勤天下无难事"的道理。王永庆有一次在美国华盛顿企业学院演讲时,谈到了他一生的坎坷经历。他说:"先天环境的好坏,并不足为奇,成功的关键完全在于一己之努力。"

不管你正处于"蘑菇"时期,还是你做的工作很单调很琐碎,你都应该认真做好每件事情,加速自己的成长。如果你是有志于工作的人,每天都应该问一问自己:"我勤奋吗?"

勤奋敬业的精神是走向成功最为坚实的基础,与之相反,懒惰则是成功的天敌。无法想象一个总是投机取巧的人能够获得怎样的成功?一个整日偷懒的人如何找到出头之日!

年轻的约翰·沃纳梅克每天都要徒步4公里到费城,在那里的一家书店里打工,每周的报酬是1美元25美分,但他勤奋刻苦的精神让人感动。后来,他又转到一家制衣店工作,每周多加了25美分的工资。从这样的一个起点开始,他勤奋刻苦地工作,不断地向上攀登,最终成为了美国最大的商人之一。

1889年,他被哈里森总统任命为邮政总局局长。

幸福需要勤奋去营造,成功需要刻苦的工作。即使你天资一般,只要勤奋工作,就能弥补自身的缺陷,终究会成为一名成功者。

据说,古罗马人有两座圣殿:一座是勤奋的圣殿;另一座是荣誉的圣殿。他们在安排座位时有一个秩序,就是人们必须经过前者,才能达到后者。它们的寓意是,勤奋是通往荣誉的必经之路。那些试图绕过勤奋,寻找荣誉的人,势必会挡在荣誉的大门之外。

勤奋是检验成功的试金石。如果你对自己未来的工作充满梦想,如果你想使自己富有,请勤奋工作,从现在开始。

扎扎实实地培养自己的本领

只要具有真才实学,就不怕各种阻挠。即使没有大笔财富,世人也会看重你,因为你的本领是他人无法抢走的。总之,要尽量培养本领，将其积存起来，这才是我们成长过程中的基本功，也是我们成功的前提。

如果在年轻人中问这样的问题：你心中最为向往也最为恐惧的是什么？我想回答最多的是：我将来干什么？做人难，首难在安身立命。这么大的世界，这么小的人。世界上人太多，这么多的人之间既互相联系又互相排挤。时空莫逆，来路莫测。人生在世，要吃要喝要穿要住要养家要建功立业……

千难万难，第一难确实就是如何给自己在这个拥挤的世界里找到属于自己的一席之地。难怪很多人最向往的是它，最怕的也是它——我将来干什么？有位先生以自己的切身体验回答了这个问题：

"20年过去了，向往已成明日黄花，恐惧也灰飞烟灭，人生坐标上，我的双脚迂回曲折了那么久，终于立定了。我摸索得太久，付出的太多，从懂得发问'我将来干什么'到'我干了什么'，花去了将近20年的时间。20年的生命代价教给我一点诀窍，我愿将它诚告现在的青少年朋友，即：读懂一本书，做精一件事。

"18岁或许更早一些，你差不多已经高中毕业，在人类高容量知识库里，你算扫了盲。这个时候，如果你上了大学，很好；没上成，也没关系，因为你已经具备了从书架上挑选适合你胃口的某一类专业性书籍来阅读的能力，也具备了寻师问友的能耐。花上三四年时间，只要真正下功夫，你完全可以把某类专业修习完毕。这时候，你的脚下有了一片坚实的土地。就在你自行修习的同时，你可能已经找到了一件谋生的事做，只是你也许不太满意。

"你心中的'将来'不是现在这个样子。你当然可以对你的现状不满意，完全可以，也应该，因为你还年轻。但你千万别太着急，也不要怨天尤人。记住，你已有一块坚实的土地。因此，你可以一边随遇而安一边在你拥有的土地上'打井'——将你已有的知识整理一下，选定其中一本最有代表性的书来读。这回你不是记忆性地学了，是钻研！当你把它完全给'看透'了，你一定会豁然开朗，智慧跃升到一个崭新的高度。你甚至可以找出这本书的谬误与纰漏。这时，你在某个学问领域，还具备了讨论、探索、发挥、创造的能力。你可以干点什么了！

"不必把专家学者看得太神秘，他们就是这么走过来的。有的青年会说，我不爱读书，不想做学问，不想做任何一个领域的哪个'家'，那我该怎么办？怎么办？去学做一件事，真学。修汽车、煎大饼；画画、养花……可做的事太多了。总之，凡事最怕一曝十寒，三天打鱼两天晒网。选一样你喜爱又有相应条件的事一心一意去做,哪怕诸如刻印章之类的'雕虫小技',你学会了,做精了,世界的某个位置就是属于你的了。"

用平常心,战败生活中的挫折

当挫折来临时,我们首先要培养自己的一颗平常心。所谓平常心,并非自甘平庸或是缺乏进取,而是以一种平静的心态耕耘在自己人生的土地上,不人浮于世,不随波逐流,踏踏实实履行自己生命的职责。

有个商人因为经营不善而欠下一大笔债务,由于无力偿还,在债权人频频催讨下,精神几乎崩溃了,他因此萌生了结束生命的念头。

苦闷至极的他,有一天独自来到乡下拜访亲戚,心里打算在仅有的时间里,享受最后的恬静生活。

当时,正值八月瓜熟时节,田里飘出的阵阵瓜香吸引了他。守着瓜田的老人看见他到来,便热情地摘了几个瓜果,请他品尝。不过,心情仍然低落的他,一点享用的心情也没有,但是又无法拒绝老人家的好意，便礼貌地吃了半个，并随口赞美了几句。

然而，老人家听到赞扬，却非常喜悦，他开始滔滔不绝地诉说着自己种植瓜果所付出的心血与辛苦："四月播种，五月锄草，六月除虫，七月守护……"

原来，他大半生都与瓜秧相伴，流了不少汗水，也流过许多泪水。几个月前瓜苗破土，逢上旱灾，为了让瓜苗得以成长，老人家即使每天来回挑水也不觉得辛苦。

又有一年，就在收获前，一场冰雹来袭，打碎了他的丰收梦；还有一年，金黄花朵开得相当茂盛时，一场洪水让这一切都泡汤了……

老人说："人和老天爷打交道，少不了要吃些苦头或受些气，但是，只要你能低下头，咬紧牙，挺一挺也就过去了。因为，最后瓜果收获时，仍然全部都是我们的。"

老人指着缠绕树身的藤蔓，对着心事重重的商人说："你看，这藤蔓虽然活得轻松，但是它却是一辈子都无法抬头！只要风一吹，它就弯了，因为它不愿靠自己的力量活下去。"

这番话让商人醒悟了过来，他吃完手中剩下的半个瓜果，在瓜棚下的椅子上放了100元以示感激，翌日便踏着坚毅的步履离开了农庄。

五年后，他在城市里重新崛起，并且成为一个现代化企业的老板。

人生在世，谁都会遇到挫折，适度的挫折具有一定的积极意义，它可以帮助人们驱走惰性，促使人奋进。挫折又是一种挑战和考验。英国哲学家培根说过："超越自然的奇迹多是在对逆境的征服中出现的。"关键的问题是应该如何面对挫折。

当挫折站在我们的面前时，我们便开始了选择。正如世上没有完全相同的树叶一样，人与人的选择也是不尽相同的。我们可以选择放弃挫折，绕道而行，不必为了遇到挫折而难过，也不用去付出什么努力；我们也可以选择正面地迎接挫折，毫无畏惧，虽然我们为此付出了辛勤的劳动，可是我们却可以收获战胜困难的喜悦与兴奋，也有了今后战胜困难的勇气。

我们不仅要以一颗平常心去面对挫折，面对困难，面对失意，也要以平常心面对成功，面对顺境，面对得意。不管自己的人生处于怎样的状态，都要始终以一颗平常心走好自己的人生路。成功不值得骄傲，那不过是人生的一个小站；失败不值得悔恨，那不过是一不小心走错的一段路，纠正方向从头再来；失意不要沮丧，一年四季里，肯定有风雨交加的时候，要明白，只有狂风大雨才能一洗空气中的尘埃，当空气中的尘埃被洗涤殆尽时，是空气最清新、阳光最明媚的时候。这便是平常心，这便是人生路。当你以一颗平常心走过人生的风风雨雨，你才能看到那金色的果实。

能说服自己的人，才会内心澄净

▷ ▶ 人之所以纠结是因为不能说服自己。一个人大凡做出有悖常理的事情时,很多时候并非他不知道这样做不好,只是他的内心一时纠结,还没说服自己,于是恍惚间就做错了。

有一种美叫自知之明

有一种东西,比才能更罕见、更优美、更珍奇,那就是自知之明。

大师的自知之明

在一座深山中藏着一座千年古刹。有一位高僧隐居在此。听到他的名声,人们都千里迢迢来寻找他,有的人想向大师求解人生迷津,有的人想向大师学一些武功秘籍……

他们到达深山的时候,发现大师正从山谷里挑水出来。他挑得不多,两个木桶里的水都没有装满。

按他们的想象,大师应该能够挑很大的桶,而且装得满满的。

他们不解地问:"大师,这是什么道理?"

大师说:"挑水之道并不在于挑多,而在于挑得够用。一味贪多,适得其反。"众人越发不解。大师从他们中拉了一个人,让他重新从山谷里打了两满桶水。那人挑得非常吃力,摇摇晃晃,没走几步,就跌倒在地,水全都洒了,膝盖也摔破了。

"水洒了,岂不是还得回头再重挑一桶吗?膝盖破了,走路艰难,岂不是比刚才挑得更少吗?"大师说。

"那么大师,请问具体挑多少,怎么估计呢?"

大师笑道:"你们看这个桶。"

众人望去,桶里画了一条线。

大师说:"这条线是底线,水位绝对不能高于这条线,高于这条线就超过了自己的能力和需要。起初还需要画一条线,但挑水的次数多了以后就不用再看那条线了,凭感觉就知道是多是少。有这条线,可以提醒我们,凡事要尽力而为,也要量力而行。"

众人又问:"那么底线应该定多低呢?"

大师说:"一般来说,越低越好,因为低的目标容易实现,人的勇气不容易受到挫伤,相反会培养起更大的兴趣和热情,长此以往,循序渐进,自然会挑得更多、挑得更稳。"

无论是大师,还是普通人,在能力上都会有一个底线。如果超过了这个底线,去做力不能及的事,那么再强健的人也会摔跤。能认识自己底线所在的人,必然可以真实地面对自己。

和自己的心灵对话

有人问古希腊大学问家安提司泰尼:"你从哲学中获得了什么呢?"他回答说:"同自己谈话的能力。"

同自己谈话,就是发现自己,发现另一个更加真实的自己。

法国大文豪雨果曾经说过:"人生是由一连串无聊的符号组成。"的确,我们生活中的大多数时光都在很普通的日子里度过,有时,看似很正常的生活,感受上却似走进生活的误区,有点儿浑噩,有点儿疲惫,有点儿茫然,有点儿怨恨,有点儿期盼，有点儿幻想，总之，就是被一些莫名其妙的情绪、感受占据了内心的思想、生活，而懒得去理清。

于是，我们总是在冥冥之中希望有一个天底下最了解自己的人，能够在大千世界中坐下来静静倾听自己心灵的诉说，能够在熙来攘往的人群中为我们开辟一方心灵的静土。可芸芸众生，"万般心事付瑶琴，弦断有谁听？"

其实，我们自己，不就是自己最好的知音吗？世界上还有谁，能比自己更了解自己的呢？还有谁能比自己更能替自己保守秘密呢？朋友，当你烦躁、无聊的时候，不妨和自己对对话，让心灵退入自己的灵魂中，使自己与自己亲密接触，静下心来聆听来自心灵的声音，问问自己：我为何烦恼？为何不快？我满意这样的生活吗？我的待人处事错在哪里？我是不是还要追求工作上的成就？我要的是自己现在的这个样子吗？生命如果这样走完，我会不会有遗憾？我让生活压垮或埋没了没有？人生至此，我得到了什么、失去了什么？我还想追求什么？……

这样，在自己的天地里，你可以慢慢修复自己受伤的尊严，可以毫无顾忌地"得意"，可以一丝不挂地剖析自己。你还可以说服自己、感动自己、征服自己。有位作家说得一段话很有道理："自己把自己说服，是一种理智的胜利；自己被自己感动了,是一种心灵的升华;自己把自己征服了,是一种人生的成熟。"把自己说服了、感动了、征服了,人生还有什么样的挫折、痛苦、不幸让我们不能征服呢?

开阔而清静的心灵空间是美好生活的一部分。相信我们每个人内心中都有一个这样的心灵避风港,当我们在人生的旅途中走得累了、烦了的时候,不妨走进自己营造的心灵的小屋,安静下来,把琐碎的事情、生活的烦忧暂时抛到九霄云外,静静地、静静地,倾听自己心灵的声音!

还你心灵澄澈

一个皇帝想要整修京城里的一座寺庙,他派人去找技艺高超的设计师,希望能够将寺庙整修得美丽而又庄严。

后来有两组人员被找来了,其中一组是京城里很有名的工匠与画师,另外一组是几个和尚。

由于皇帝不知道到底哪一组人员的手艺比较好,于是他就决定给他们机会作一个比较。

皇帝要求这两组人员，各自去整修一个小寺庙，而这两个组互相面对面。三天之后，皇帝要来验收成果。

工匠们向皇帝要了一百多种颜色的颜料，又要了很多工具；而让皇帝很奇怪的是，和尚们居然只要了一些抹布与水桶等简单的清洁用具。

三天之后，皇帝来验收。

他首先看了工匠们所装饰的寺庙，工匠们敲锣打鼓地庆祝工程的完成，他们用了非常多的颜料，以非常精巧的手艺把寺庙装饰得五颜六色。

皇帝很满意地点点头，接着回过头来看看和尚们负责整修的寺庙，他一看之下就愣住了，和尚们所整修的寺庙没有涂上任何颜料，他们只是把所有的墙壁、桌椅、窗户等等都擦拭得非常干净，寺庙中所有的物品都显出了它们原来的颜色，而它们光亮的表面就像镜子一般，无瑕地反射出从外面射进来的色彩，那天边多变的云彩、随风摇曳的树影，甚至是对面五颜六色的寺庙，都变成了这个寺庙美丽色彩的一部分，而这座寺庙只是宁静地接受这一切。

皇帝被这庄严的寺庙深深地感动了，当然我们也知道最后的胜负了。

我们的心就像是一座寺庙，我们不需要用各种精巧的装饰来美化我们的心灵，我们需要的只是让内在原有的美，无瑕地显现出来。

如果你珍爱生命，请你修善自己的心灵。人总有一天会走到生命的终点，金钱散尽，一切都如过眼云烟，只有精神长存世间，所以人生的追求应该是一种境界。

在纷纷扰扰的世界上，心灵当似高山不动，不能如流水不安。居住在闹市，在嘈杂的环境之中，不必关闭门窗，任它潮起潮落，风来浪涌，我自悠然如局外之人，没有什么能破坏心中的凝重。身在红尘中，而心早已出世，在白云之上。又何必"入山唯恐不深"呢？关键是你的心。

心灵是智慧之根，要用知识去浇灌。胸中贮书万卷，不必人前卖弄。"人不知而不愠，不亦君子乎？"让知识真正成为心灵的一部分，成为内在的涵养，成为包藏宇宙、吞吐天地的大气魄。只有这样，才能运筹帷幄之中，决胜千里之外，才能指挥若定挥洒自如。

修养心灵，不是一件容易的事，要用一生去琢磨。心灵的宁静，是一种超然的境界！高朋满座，不会昏眩；曲终人散，不会孤独；成功，不会欣喜若狂；失败，不会心灰意冷。坦然迎接生活的鲜花美酒，洒脱面对生活的刀风剑雨，还心灵以本色。

你要学会认识自己

当你对自己诚实的时候,世界上没有人能够欺骗得了你。

生气是拿别人的错误惩罚自己

生气是拿别人的错误惩罚自己。然而真正做到不惩罚自己的人又有多少?不生气真的好难啊。走在路上被人泼了水,也不知道是什么水。虽然他一个劲地道歉,你也明白人家不是故意的,可是看着自己湿漉漉的衣服,还是忍不住抱怨:

真可恶，怎么这么倒霉？于是一整天都在想这件事，又后悔不已：早知道就早点出门，或晚点出门。总之，到头来还是在生自己的气。现在想一想，真是不值得，反正被泼了就泼了，再怎么抱怨、后悔都没用，衣服还是湿的。那么倒不如这样想，也许我穿这件衣服不好看呢，不是常说遇水则发吗？这样一来，快乐指数就上来了，回家换件衣服，重新开始新的一天。宽恕了他人，宽恕了这件事，不等于宽恕了自己吗？为什么要为了一件已经无法挽回的事而破坏自己一天的情绪，浪费 24 小时呢？

　　过失，尤其是我们对过失的自我谴责和反省，是更有意义的。当一个人下决心接受截肢手术时，他一定不再把他的残肢视为值得保留的躯体的一部分，而是把它当作多余的、对生存形成威胁的、必须舍弃的废物。在面部整容手术中，没有部分的、试验性的或折中的治疗手段，疤痕组织必须完全地根除，伤口才能彻底地愈合，对伤口要给予特殊保护，以确保面容的每一个细胞都得到恢复，使脸部像受伤前一样。医疗上的根除并不困难，困难是乐于无保留地消除精神上沉重的债务。难以宽恕自己是因为我们往往从自我谴责中寻找一种安全感，通过保护自己的伤口获得一种反常的病态的乐趣。只要谴责他人，我们就会产生居高临下的优越感。自我谴责给人带来的是一种虚幻的满足。

做到不生气并不难。心理医学研究表明,一个人心情舒畅,精神愉快,中枢神经系统处于最佳功能状态,那么这个人的内脏及内分泌活动在中枢神经系统调节下处于平衡状态,使整个机体协调、充满活力,身体自然也健康。

在生活的不幸面前,应保持冷静的思考和稳定的情绪,遇事冷静、客观地做出分析和判断。

要多方面培养自己的兴趣与爱好,如书法、绘画、集邮、养花、下棋、听音乐、跳舞、打太极拳等,从事这些活动,可以修身养性,陶冶情操。

对自己要有自知之明,遇事要量力而行,适可而止,不要好胜逞能而去做力不从心的事。

不要过于计较个人的得失,不要为一些鸡毛蒜皮的事而动辄发火,愤怒要克制,怨恨要消除。

快乐就在你的身边,不要拿别人的错误惩罚自己,让自己过得不舒心。

用自己做镜子，从自己身上找问题

苏格拉底说："认识自己，才能认识人生。"

只有那些了解自己，对自己具有充分信心的人才敢于对各种人生险境进行挑战。

据说，爱因斯坦小时候是个十分贪玩的孩子，他母亲常常为此忧心忡忡，再三的告诫对他来讲如同耳边风。直到16岁的那年秋天，一天上午，父亲将正要去河边钓鱼的爱因斯坦拦住，并给他讲了一个故事，正是这个故事改变了爱因斯坦的一生。

"昨天，"爱因斯坦父亲说，"我和咱们的邻居杰克大叔去清扫南边工厂的一个大烟囱。那烟囱只有踩着里边的钢筋踏梯才能上去。你杰克大叔在前面，我在后面。我们抓着扶手，一阶一阶地终于爬上去了。下来时，你杰克大叔依旧走在前面，我还是跟在他的后面。后来，钻出烟囱，我发现了一个奇怪的事情：你杰克大叔的后背、脸上全都被烟囱里的烟灰蹭黑了，而我身上竟连一点烟灰也没有。"

爱因斯坦的父亲继续微笑着说："我看见你杰克大叔的模样，心想我肯定和他一样，脸脏得像个小丑，于是我就到附近的小河里去洗了又洗。而你杰克大叔呢,他看见我钻出烟囱时干干净净的,就以为他也和我一样干净呢,于是就只草草洗了洗手就大模大样上街了。结果,街上的人都笑痛了肚子,还以为你杰克大叔是个疯子呢。"

爱因斯坦听罢,忍不住和父亲一起大笑起来。父亲笑完了,郑重地对他说,"其实,别人谁也不能做你的镜子,只有自己才是自己的镜子。拿别人做镜子,白痴或许会把自己照成天才的。"

爱因斯坦听了,顿时满脸愧色。从那以后,爱因斯坦逐渐离开了那群顽皮的孩子。他时时用自己做镜子来审视和映照自己,终于映照出了他生命的独特光辉。

每个人的内心世界都有两面明镜,一面照他人,一面照自己。别人并不能映照出你自己,只有自己才是最明亮的镜子。我们要学会反躬自省,每过一段时间就用照自己的那面镜子映照我们的心灵。这是成功人生的必然要求。我们来到这个世界上,每个人都有自己所扮演的角色和应当承担的责任与义务,所以我们每个人都要牢记自己的使命,摒弃缺点,不断进取,努力做最好的自己。

遗传学告诉我们,每个人都是自然界最伟大的奇迹,以前既没有像我们一模一样的人,以后也不会有。因此,我们要保持自己的本色，这是激发潜能的重要通道，也是最大化自信的源泉，更是实现人生价值的必由之路。也就是说，唯有自己才能成就自己。

嫉妒是人生的毒药

《百喻经》里记载了这样一则故事：

在古远时代，摩伽陀国有一位国王饲养了一群象。象群中，有一头象长得很特殊，全身白皙，毛柔细光滑。后来，国王将这头象交给一位驯象师照顾。这位驯象师不只照顾它的生活起居，也很用心教它。这头白象十分聪明、善解人意，过了一段时间之后，他们已建立了良好的默契关系。

有一年，这个国家举行一个大庆典。国王打算骑白象去观礼，于是驯象师将白象清洗、装扮了一番，在它的背上披上一条白毯子后，才交给国王。

国王就在一些官员的陪同下，骑着白象进城看庆典。由于这头白象实在太漂亮了，民众都围拢过来，一边赞叹、一边高喊着:"象王!象王!"这时,骑在象背上的国王,觉得所有的光彩都被这头白象抢走了,心里十分生气、嫉妒。

他很快地绕了一圈后,就不悦地返回王宫。一入王宫,他问驯象师:"这头白象,有没有什么特殊的技艺?"驯象师问国王:"不知道国王您指的是哪方面?"国王说:"它能不能在悬崖边展现它的技艺呢?"驯象师说:"应该可以。"国王就说:"好。那明天就让它在波罗奈国和摩伽陀国相邻的悬崖上表演。"

隔天,驯象师依约把白象带到那处悬崖。国王问:"这头白象能以三只脚站立在悬崖边吗?"驯象师说:"这简单。"他骑上象背,对白象说:"来,用三只脚站立。"果然,白象立刻就缩起一只脚。

国王又问:"它能两脚悬空,只用两脚站立吗?""可以。"驯象师就叫它缩起两脚,白象很听话地照做。国王接着又说:"它能不能三脚悬空,只用一脚站立?"

驯象师一听,明白国王存心要置白象于死地,就对白象说:"你这次要小心一点,缩起三只脚,用一只脚站立。"白象也很谨慎地照做。围观的民众看了,热烈地为白象鼓掌、喝彩。

国王愈看心里愈不平衡,就对驯象师说:"它能把后脚也缩起,全身悬空吗?"

这时，驯象师悄悄地对白象说："国王存心要你的命，我们在这里会很危险。你就腾空飞到对面的悬崖吧。"不可思议的是这头白象竟然真的把后脚悬空飞起来，载着驯象师飞越悬崖，进入波罗奈国。

波罗奈国的人民看到白象飞来，全城都欢呼了起来。国王很高兴地问驯象师："你从哪儿来？为何会骑着白象来到我的国家？"驯象师便将经过一一告诉国王。国王听完之后，叹道："人为何要与一头象计较呢？"

是嫉妒让国王失去了人见人爱的白象和优秀的训象师。

每个人或轻或重地都有嫉妒心理，只不过是有些人易表露，有些人善于掩饰而已。有此嫉妒心理并非坏事，如果把此问题处理好了，则是一种催人积极奋进的原动力——学会取人之长补己之短。如果处理不好，妒火中烧，就会引发不正当竞争，惹出许多是非来。

心理学家的观察也证明，嫉妒心强烈的人易患心脏病，而且死亡率也高；而嫉妒心较少的人群，则心脏病的发病率和死亡率均明显的低，只有前者的 $1/3 \sim 1/2$。此外，如头痛、胃病、高血压等，亦易发生于嫉妒心强的人，并且药物的治疗效果也较差。

嫉妒是人生的毒药。我们应该尝试去丢弃它、置它于脑后，至少我们可以做到缩小它投射在我们心中的阴影。

不要把自己当作大人物

自以为是的人头脑容易发热，他们往往充满梦想，只相信自己的智慧和能力，坚信只有自己才是正确的；他们从来不接受别人的意见和劝告，认为采纳了别人的意见就等于是对自己的否定和贬低。这些人其实是典型的外强中干型人，他们的固执恰恰证明了他们并不是真正的强者。正因为心虚，所以他们不愿服输。

有一位将军，在大军撤退时总是断后，回到京城后，人们都称赞他很勇敢，将军却说："并非吾勇，马不进也。"将军把自己断后的无畏行为说成是由于马走得太慢。在人们心中，"马走得太慢"绝对无法抵消将军的英雄形象。

那些深谙做人之道的人，大都是在社会群体中能够摆正自己位置的人，而把自己看成比任何人高人一等的人，一定是世界上最愚蠢的人。

有时我们的烦恼来自我们有颗狂妄自大的心。一个人如果妄自尊大，把谁都不放在眼里，一切皆以自我为中心，那么他一定会一天到晚被烦恼重重包围。

一个人若太自负了，就很容易陷入一种莫名其妙的自我陶醉中，变得自高自大起来。他会无视所有人对他的不满和提醒，终日沉浸在自我满足当中，对一切功名利禄都不放过，这样的人反而永远也得不到人们对他的理解和尊重。

自傲者对自我失去了客观评价，觉得在这个世界上唯我最大，舍我其谁。一副不知天高地厚的架势，以显示自己伟大的魄力和气度。可是靠说空话解决不了任何问题，人们尊敬的是那些脚踏实地做事的人，而不是自吹自擂的谎话专家。

越是伟大的人越会谦卑待人，人们也越会敬重他。

在美国纽约的一个既脏又乱的候车室里，靠门的座位上坐着一个满脸疲惫的老人，背上的尘土及鞋子上的污泥表明他走了很长的路。列车进站，开始检票了，老人不紧不慢地站起来，准备往检票口走。忽然，从候车室外走进来一个胖太太，她提着一个很大的箱子，显然也要赶这趟列车，可箱子太重，累得她气喘吁吁的。胖太太看到了那个老人，冲他大喊："喂，老头，你给我提一下箱子，我一会儿给你小费。"那个老人想都没想，拎起箱子就和胖太太朝检票口走去。

他们刚刚检票上车，火车就开动了。胖太太抹了一把汗，庆幸地说："多亏有你，不然我非误车不可。"说着，她掏出1美元递给那个老人，老人微笑着接过。这时，列车长走了过来："洛克菲勒先生，请问我能为您做点什么吗？"

"谢谢，不用了，我只是刚刚做了一个为期三天的徒步旅行，现在我要回纽约总部。"老人客气地回答。

"什么？洛克菲勒？"胖太太惊叫了起来，"上帝，我竟让著名的石油大王洛克菲勒先生给我提箱子，居然还给了他1美元小费，我这是在干什么啊？"她连忙向洛克菲勒道歉，并诚惶诚恐地请洛克菲勒把那1美元小费退给她。

"太太，你不必道歉，你根本没有做错什么。"洛克菲勒微笑着说道，"这1美元是我挣的，所以我收下了。"说着，洛克菲勒把那1美元郑重地放进了口袋里。

真正的大人物是那种成就了不平凡的事业却仍然像平凡人一样生活的人。他们从来都虚怀若谷，不会因为自己腰缠万贯而盛气凌人；他们从来不会见人就喋喋不休地诉说自己是如何成功和发迹的，也从不痛恨自己的同仁是"居心叵测之人"；他们只是"不以物喜，不以己悲"，平和地做着自己该做的事情。

只要能认识自己，便什么也不会失去

学会认清自己，正确评估自己的能力，正视自己的缺点，并明白缺点每个人都会有的，尽量改正缺点，发扬自己的优点的才容易成功。

纪伯伦在其作品里讲了一只狐狸觅食的故事：狐狸赞赏着自己在晨曦中的身影说："今天我要用一只骆驼做午餐呢！"整个上午，它奔波着，寻找骆驼。但当正午的太阳照在它的头顶时，它再次看了一眼自己的身影，于是说："一只老鼠也就够了。"狐狸之所以犯了两次截然不同的错误，与它选择"晨曦"和"正午的阳光"作为参照有关。晨曦不负责任地拉长了它的身影，使它错误地认为自己就是万兽之王，并且力大无穷无所不能，而正午的阳光又让它对着自己已缩小了的身影忍不住妄自菲薄。

大师笔下的这只狐狸在现实生活中比比皆是。对自己认识不足，过分强调某种能力或者无根无据承认无能。这种情况下，千万别忘记了上帝为我们准备了另外一块镜子，这块镜子就是"反躬自省"四个字，它可以照见落在心灵上的尘埃，提醒我们"时时勤拂拭"，使我们认识真实的自己。

尼采曾经说过："聪明的人只要能认识自己，便什么也不会失去。"正确认识自己，才能使自己充满自信，才能使人生的航船不迷失方向。正确认识自己，才能正确确定人生的奋斗目标。只有有了正确的人生目标，并充满自信，为之奋斗终生，才能此生无憾，即使不成功，自己也会无怨无悔。

世界上没有两片完全相同的树叶，人也一样，每个人都是上帝的宠儿。正确认识自己，既看到自己的长处，也认识到自己的不足，给自己正确定位，这样才能自信地去迎接机遇和挑战，给自己创造更多的成功和欢乐。虽然，生活赋予我们每个人的并不是完全相同的阳光雨露，但上帝是无私的，天生我材必有用，只要我们正确认识自己，不失自知之明，就能谱写属于自己的人生华美乐章。

正确认识自己，要给自己正确定位。美国汽车大亨福特小时候在农场中干活，他从小就坚信自己能成为一个出色的机械师。他没有听从父亲的安排，在农场当助手，而是把时间花在了自己喜欢的机械师训练上。他曾经花了两年时间去研究蒸汽机原理，试图实现自己的梦想。后来他又投入汽油机研究，每天花大量时间来从事这方面工作，不顾别人的劝阻与嘲讽。他的创意终于得到发明家爱迪生的赏识，邀请他到底特律担任工程师。这正给予了他实现自己人生定位的绝好机会。经过十年努力，在他29岁时，福特终于成功地制造出第一部汽车引擎。现在，底特律成为美国最大的工业城市之一，而福特也成为家喻户晓的汽车大王。他终于实现了自己的梦想。福特的成功，不能不归功于他正确的定位和不懈的努力。

　　正确认识自己，才能最大限度地发挥自己的才能，才能谱写出更多的辉煌，才能获得更大的成功与快乐。

认识自己才能不辜负人生

认识自己,降伏自己,改变自己,才能改变别人。

靠自己拯救自己

在不断的生活斗争中,每一个人都会陷入成功与失败的旋涡,在不断挣扎与抗争中,成功者选择自己拯救自己,失败者相信神会眷顾他,当他这个信念与现实不符时,最终他会选择自我迷茫。

在与生活进行抗争时，只有自己能拯救自己，只要有一丝的抗争勇气，就有一丝的成功希望。自人类出现以来，我们就不断地在与大自然进行着斗争，与其说是适者生存，还不如说是在这场斗争中，胜利的是人类。

在崎岖的生活之路上，我们需要不断地与环境斗争。其实，敌人已经就是那样，关键在于你是否已经从心底否定了自己，要是这样，再舒适的环境也不会造就一个成功者。

有两个人同时到医院去看病，并且分别拍了X光片，其中一个原本就生了大病，得了癌症，另一个只是做例行的健康检查。

但是由于医生取错了照片，结果给了他们相反的诊断，那一位病况不佳的人，听到身体已恢复，满心欢喜，经过一段时间的调养，居然真的完全康复了。

而另一位本来没病的人，经过医生的宣判，内心涌起了对疾病很大的恐惧，整天焦虑不安，失去了生存的勇气，意志消沉，抵抗力也跟着减弱，结果还真的生了重病。

看到这则故事，真的是令人哭笑不得，因心理压力而得重病的人是该怨医生还是怨自己呢？乌斯蒂诺夫曾经说过："自认命中注定逃不出心灵监狱的人，会把布置牢房当作唯一的工作。"

许多人以为自己得了癌症,于是便陷入不治之症的恐慌中,脑子里考虑得更多的是"后事",哪里还有心思寻开心,结果被自己打败。而真的癌症患者却用乐观的力量战胜了疾病,战胜了自己。

更多的时候,人们不是败给外界,而是败给自己。俗话说"哀莫大于心死",绝望和悲观是死亡的代名词,只有挑战自我,永不言败者才是人生最大的赢家。

战胜自己就是最大的胜利。与其说是战胜了疾病,不如说是战胜了自己。工作不顺利时,我们常常会找种种借口,认为是领导故意刁难,把不可能完成的工作交给自己;认为最近健康状况欠佳,才导致效率不高……想偷懒,还把偷懒理由正当化,总认为期限还有三天,明天、后天再拼,今天不妨放松一下,这样是万万不可取的。

实际上,战胜困难要比打败自己相对容易,所以有人说:"我"是自己最大的敌人。战胜自己靠的是信心,人有了信心就会产生力量。

人与人之间,弱者与强者之间,成功与失败之间最大的差异就在于意志力量的差异。人一旦有了意志的力量,就能战胜自身的各种弱点。

突然间，发觉最难击败的对手竟是自己

美国《运动画刊》上登载了一幅漫画，画面是一名拳击手累瘫在练习场上，标题为《突然间，你发觉最难击败的对手竟是自己》。这个标题实在耐人寻味。

在剑桥有一名学业成绩优秀的毕业生，去报考一家大公司，结果名落孙山。这位青年得知这一消息后，深感绝望，顿生轻生之念，幸亏抢救及时，自杀未成。不久传来消息，他的考试成绩名列榜首，是统计考分时，电脑出了差错，他其实已经被公司录用了。他入职后，很快又传来消息，说他被公司解聘了，理由是一个人连如此小小的打击都承受不起，又怎么能在今后的岗位上建功立业呢？

这个青年虽然在考分上击败了其他对手，可他没有打败自己心理上的敌人，他的心理敌人就是惧怕失败，对自己缺乏信心，遇事自己给自己制造心理上的紧张和压力。

世上没有绝对完美理想的人，当然也很少有绝对不可救药的人，每一个人的性格中都或多或少存在着上述的矛盾。这些矛盾，在我们遇到一件事情，需要我们采取行动去应付的时候，就往往会同时出现。而当它们同时出现的时候，也

就是我们开始彷徨困惑、痛苦不堪的时候。我们怎样决定，完全看这两种矛盾的力量是哪一边战胜。如果是积极和光明的一边战胜，我们就走向成功。如果是消极和黑暗的一边战胜，我们就走向失败。

这理由很明显，按理说，每一个人都应该知道自己怎样做，才是正确的决定。但是，很少有人能够不经"交战"而采取正确的行动。甚至交战的结果，仍是消极与黑暗的一面战胜。

战胜自己不是一件容易的事，它需要很大的勇气与坚定的信念。想一想看，我们战胜自己的次数多吗？是否时常姑息纵容了自己？

一个人，如果他勤奋，那必定是他战胜了自己的懒惰。懒惰是我们最难克服的一个敌人。许多本来可以做到的事，都因为一次又一次的懒惰拖延，而把成功的机会错过了。

要知道，我们有时痛苦困扰、犹豫不安，那只是因为我们心情上有两种相反的力量在相持不下。让我们明智一点，早作抉择，我们就觉得生活的面目豁然开朗起来了。

勤奋与懒惰，清醒与执迷，并不是距离遥远的两极，而只是薄薄的剃刀的两面，其间只有一刃之隔。翻过这一刃之隔，便是勤奋与清醒；留在那边的，便是懒惰与执迷。要不要翻过，只在短短的一念之间。

如果我们决心清醒,我们便可以清醒;如果我们决心执迷,我们就将继续执迷。这"决心"的实现,不在我们能不能,而在我们肯不肯。

别让自负提前注定了你的失败

自大的人历来就是成事不足败事有余。人无论何时都要切记这样一个道理:自大是失败的前兆。

自大往往不是空穴来风,自大的人总有一些突出的地方。这些突出的特长,使他们有一种优越感。这种优越感达到一定程度,便使人目空一切,不知天高地厚。深究其原因,则大致可以归纳为以下几点:

1. 过分娇宠的家庭教育

家庭教育是一个人自负心理产生的第一根源。对于青少年来说,他们的自我评价首先取决于周围的人对他们的看法,家庭则是他们自我评价的第一参考系。父母宠爱、夸赞、表扬，会使他们觉得自己"相当了不起"。

2. 生活中的一帆风顺

人的认识来源于经验，生活中遭受过许多挫折和打击的人，很少有自负的心理，而生活中的一帆风顺，则很容易养成自负的性格。现在的中学生大多是独生子女，是父母的掌上明珠，如果他们在学校出类拔萃，老师又宠爱他们，就会养成自信、自傲和自负的个性。

3. 片面的自我认识

自负者缩小自己的短处，夸大自己的长处。缺乏自知之明，对自己的能力评价过高，对别人的能力评价过低，自然产生自负心理。这种人往往好大喜功，取得一点小小的成绩就认为自己了不起，成功时完全归因于自己的主观努力，失败时则完全归咎于客观条件的不合作。过分地自恋和以自我为中心，把自己的举手投足都看得与众不同。

4. 情感上的原因

一些人的自尊心特别强烈，为了保护自尊心，在挫折面前，常常会产生两种既相反又相通的自我保护心理。一种是自卑心理，通过自我隔绝，避免自尊心的进一步受损；另一种就是自负心理，通过自我放大，获得自卑不足的补偿。例如，一些家庭经济条件不很好的学生,生怕被经济条件优越的同学看不起,便会假装清高,在表面上摆出看不起这些同学的样子。这种自负心理是自尊心过分敏感的表现。

一个人不知道并不可怕——人不可能什么都知道,但可怕的是不知道而假装知道,知道一点就以为什么都知道。这样的人就永远不会进步,就像老爱欣赏自己脚印的人,只会在原地绕圈子。

当然,自负并非不可克服,只要我们自己努力并加上正确的方法,就可以避免自大:

首先,接受批评是根治自负的最佳办法。自负者的致命弱点是不愿意改变自己的态度或接受别人的观点,接受批评即是针对这一特点提出的方法。它并不是让自负者完全服从于他人,只是要求他们能够接受别人的正确观点,通过接受别人的批评,改变过去固执己见、唯我独尊的形象。

其次,与人平等相处。自负者视自己为上帝,无论在观念上还是行动上都无理地要求别人服从自己。平等相处就是要求自负者以一个普通社会成员的身份与别人平等交往。

再次,提高自我认识。要全面地认识自我,既要看到自己的优点和长处,又要看到自己的缺点和不足,不可一叶障目,不见泰山,抓住一点不放,未免失之偏颇。认识自我不能孤立地去评价，应该放在社会中去考察，每个人生活在世上都有他人所不及的地方，同时又有不如人的地方，与人比较不能总拿自己的长处去比别人的不足，把别人看得一无是处。

最后，要以发展的眼光看待自负，既要看到自己的过去，又要看到自己的现在和将来，辉煌的过去可能标志着你过去是个英雄，但它并不代表着现在，更不预示着将来。

生活中，我们常常不自觉地把自己变作一个注满水的杯子，容不下其他的东西。因而，学会把自己的意念先放下来，以虚心的态度去倾听和学习，你会发现大师就在眼前。

自己觉得幸福才是真的幸福

你的生活方式包括的内容很多，比如作息时间、工作环境与方式、你生活的城市……不一而足。

有的人喜欢朝九晚五的规律生活，有一份稳定的工作；有的人喜欢从事一份不受拘束的自由职业，这些因人而异。没有说这种生活方式就一定比那种生活方式差，一切都看它是不是适合你。适合的便是最好的，在这一点上相信大家都有所体悟。

王丽大学毕业后一直在苦恼、困惑。她内心最向往的是丽江与大理这样风景秀丽、生活悠闲的小城，但是家人却劝她去上海发展，认为在上海这样的一座国际大都市机会较多。起初，王丽顺从了父母的意见，但没用多久她就辞职，去了一个宁静的小城。因为上海的"气质"与她的心灵很不般配，再强留下来只会徒增烦恼。

王丽的选择是明智的，因为她知道什么样的生活才是她所想要的。

生活不是试跑，也不是正式比赛前的准备运动，生活就是生活。按自己的方式选择生活，才能拥有生活的喜悦，才能享受生命的快乐。

董承初到广州时，曾为找工作奔波了好长一段时间，起初他见几个跑业务的同学业绩不俗，赚了不少钱，学中文专业的他便找了家公司做业务员。然而辛辛苦苦跑了几个月，不但没赚到钱，人倒瘦了十几斤。同学们分析说："你能力不比我们差，但你的性格内向，不爱与人交谈、沟通，不善交际，因此不太适合跑业务……"

后来董承见一位在工厂做生产管理的朋友薪水高、待遇好，便动了心，费尽心力谋到了一份生产主管的职位，可是没做多久他就因不善管理而引咎辞职了。之后，董承又做过公司的会计、餐厅经理等，最终出于各种原因都被迫离职。

最后，董承痛定思痛，吸取了前几次的教训，不再盲目追逐高薪或舒适的职位，而是依据自己的爱好和特长，凭借自己的中文系本科学历和深厚的文字功底，应聘到一家刊物做了文字编辑。这份工作相比以前的职位，虽然薪水不高，工作量很大，但董承却做得非常开心，工作起来得心应手。几个月下来，他的突出表现令领导刮目相看，器重有加。

回顾以往的工作历程，董承深有感触地说："无论是工作，还是生活，我们都应当找到适合自己的生活方式。一味地追逐高薪、舒适的工作，曾让我吃尽了苦头，走了不少弯路。事实上，我们无论做什么事都应结合自身条件，依据自己的爱好和特长去选择相应的事来做。只有找到适合自己的生活，我们的生活才会更快乐。"

人生是一条单行线，生活不是试跑，也不是正式比赛前的准备活动，生活就是生活。年轻人要为自己选择一种适合自己的生活方式。这样，按照自己的生活方式生活，才能感受到生活的喜悦，享受生命的快乐，这样的人生才是真实而幸福的人生。

在寂静中修行，在孤独中成长

▷ ▶ 古人把修行的场所叫"阿兰若",阿兰若意为寂静处,因为寂静中容易清净心灵,让你感悟和懂得很多事情。而真正的寂静却要从自己内心找。内心寂静了,便不会在红尘中沉沦。同样人的成长虽然可以依靠他人,但是真正的成长还得靠自己。自我是孤独的,但是从孤独中获得的成长经验,胜过所有他人的帮助。

每个寂静的时刻都是成长的时刻

心中有禅,坐亦禅,立亦禅,行亦禅、睡亦禅,时时处处莫非禅也。

时时清扫心灵的垃圾

我们知道,城市之所以能够清洁是因为每天早上有垃圾车来把垃圾全部带走,我们现在用电脑、手机用久了也要清理垃圾文件,甚至我们一个人的身体也找时间排毒才能够健健康康。

不过，一个人最重要的就是心灵的健康。常常听人说赤子之心最可贵，这原因就是说他的心灵没有沾染到社会上不好的习性，没有使原本纯洁的心灵受到污染和蒙蔽。

就像有人说聋子最快乐是因为聋子一般不会听到不好的话，也不会受人教唆。他们耳聋，心灵却不容易蒙尘。当然，这只是特例。而且无论是谁在尘世间走得久了，也会不可避免地会沾染上世间的尘埃，难免在心灵上堆积起来一些垃圾。

心灵垃圾是什么呢？怨、恨、恼、怒、烦、冲动、犯罪等都是心灵垃圾所带来的，一般就是指的那些让人变得不好的给人负担的一些原因和情感。当然，不完美和不如意时时存在，一旦堆积就会形成心灵垃圾，所以这就需要我们对心灵及时进行一些清理。

要清理心灵垃圾，首先要善于忘掉。如果你记住的都是不好的事情，那么不如都忘掉。我们经常会看到，一些电视剧里演的一个人失忆以后，从前的瓜葛纠缠都没有了，不但重新开始了新的生活，还变得快乐起来。

其次，让自己忙起来。如果还是学生就多学习知识，用正能量充实自己；如果已经工作，就专心做好工作。俗话说：

"人闲百病生。"当一个人无所事事的时候,不但容易烦恼,身体还容易生病。越是清闲自在,反倒越是觉得自己活得没劲。一个百般无聊的人是不会感到快乐的,不仅仅没有进取精神,甚至还会导致心理疾病。国外医学机构研究表明,适度的紧张有益于健康激素的分泌,这种激素能增强身体的免疫力,抵御外界的不良刺激和疾病的侵袭。适度紧张是人们身体更健康、工作效率更高的一种促进力量,它能最大限度地发挥人的潜能和创造力,增强人的自信心。

因为心灵的垃圾会不断产生,除过以上所说还需要时常关注自我的心灵修养,做到时时清扫心灵的垃圾。这就需要,不断提醒自己,使得自己保持一颗平静的心。具体做法有以下几点:一、不管现实如何残酷,每逢重要的事情都让自己的内心先稳定下来。二、把产生心灵垃圾的事情挤下来,以旁观者的态度审视自己身上发生的事情。三、每天发现一些美,用美好的事情给自己的心灵喷上清新剂。

当然,欲速则不达,有些人的心灵垃圾比较多,不可能一下子就能清除掉,所以需要一步一步来扫除,不要想一下子就清除,先从简单的容易的开始清扫吧。每天清扫一点,每一次的清扫并不表示这就是最后一次,而且没有人规定你必须一次扫完。但你至少要经常清扫,并及时丢弃或扫掉拖累你心灵的东西!

这样的你,就能够让积极打败消极,让高尚打败鄙陋,让真诚打败虚伪,让宽容打败褊狭,让快乐打败忧郁,让勤奋打败懒惰,让坚强打败脆弱,让伟大打败猥琐……只要你愿意时时清扫心灵垃圾,你就可以一辈子都做最好的自己,拥有一辈子的快乐。

走自己的路,让别人去说吧

每个人都有自己做人的原则,都有自己为人处世之道,都有自己的生活方式。生活中不必太在意别人的看法,不能为别人的一席话而改变自己。

有这样一个故事:

一个老头带着儿子牵着驴去赶集,驴驮着一袋粮食。他们刚出门不久,道边便有人对老头说:"你真傻,为什么不骑着驴呢?"于是,老头便骑上了驴。可走不多远,又听到道边有人对他说:"这老头心真狠,他自己骑着驴,让儿子走着。"老头听后,赶紧从驴上下来,让儿子骑了上去。

可又走没多远,又有人对他们说:"这个孩子真不懂事,自己骑驴,让老人走着。"

儿子一听,赶快下了驴,让老头上去。没走到集上,又有人对他们说:"这两人心真坏,让驴驮着东西,人还骑上去。"

老头不得不又从驴上下来,连驴驮的粮食他也自己背上了。

老头没有主见,一味听信他人之言。故事到这儿肯定还没完,指不定过一会又有人笑他们傻,放着驴不用,人却背着粮食,再过一会还会有人说他们傻,放着驴不骑。总之,人没有主见,永远也不得安宁。

无独有偶,还有这样一个故事:

从前,有一位画家想画出一幅人人见了都喜欢的画。画毕,他拿到市场上去展出。画旁放了一支笔,并附上说明:每一位观赏者,如果认为此画有欠佳之笔,均可在画中做记号。

晚上,画家取回了画,发现整个画面都涂满了记号——没有一笔一画不被指责。画家十分不快,对这次尝试深感失望。

画家决定换一种方法去试试。他又摹了同样的画拿到市场展出。可这一次,他要求每位观赏者将其最为赞赏的妙笔都标上记号。当画家再取回画时,他发现画面又涂遍了记号——一切曾被指责的笔画,如今却都换上赞美的标记。

"哦!"画家不无感慨地说道,"我现在发现一个奥妙,那就是:我们不管干什么,只要使一部分人满意就够了。因为,在有些人看来是丑恶的东西,在另一些人眼里恰恰是美好的。"

所谓众口难调,一味听信于他人者,便容易丧失自己,便会做任何事都患得患失,诚惶诚恐。这种人一辈子也成不了大事。他们整天活在别人的阴影里,太在乎上司的态度,太在乎老板的眼神,太在乎周围人对自己的态度。这样的人生,还有什么意义可言呢?

人各有各的原则,各有各的脾气性格。有的人活跃,有的人沉稳,有的人热爱交际,有的人喜欢独处。不论什么样的人生,只要自己感到幸福,又不妨碍他人,那就足矣,不要压抑自己的天性,失去自己做人的原则。只要活出自信,活出自己的风格,就让别人去说好了。正像但丁说的那样:"走自己的路,让别人去说吧!"

这一切都会过去

面对无法改变的不幸和自己无能为力的事,一味地悔恨和抱怨都是无济于事的,这时不妨提醒自己忘掉忧伤,因为无论是顺境还是逆境,这一切都将过去。

卓别林说,"用特写镜头看生活,生活是一个悲剧;但用长镜头看生活,生活则是个喜剧。"所以生活是好是坏,就看你怎么看待。

著名演员拉莎·贝诺有一次坐船时遇到风暴袭击,不幸在甲板上滚落,足部受了重伤。当她被推进手术室,面临锯腿的厄运时,突然大声地念起自己所演过的一段台词。记者们以为她是为了缓和一下自己的紧张情绪,可她说:"不是的,是为了给医生和护士们打气。你瞧,他们不是太严肃了吗?"

拉莎·贝诺在面对无法抗拒的灾难时,没有恨天怨地,没有抱怨命运不公。相反,她勇敢地跳出悲伤、焦虑的圈子,重新燃起生活的激情。一句"他们不是太严肃了吗?"说这话时,她心中的情绪转换器一定调整到了最佳状态。拉莎手术圆满成功后,她虽然不能再演戏了,但她还能讲演,她那充满生命热情的讲演,使她的戏迷再次为她鼓掌。

唯有积极的心态，把不公看成修行，你才能够劈荆斩浪，把生活过得如意。不如意的事情，大都不是有益的事情，处处与你作对的人，也不可能成为好朋友。因此，对于生活中不如意的人和事，何必留恋太多，就当过眼烟云。

过去的总会过去，不如意和不对付的人只是来磨炼你的，千万不可要沉湎其中，受其摆布。当我们不再关注这些时，它就会失去影响力。时间如同从指头尖流过的细沙，会在我们对生活的憧憬中不知不觉溜走，相对于那些已经溜走的过去，我们何不珍惜眼前，活出最好的自己，才是最应该做的有价值的事情。

选择寂静,能帮你克服负面情绪

人生在世如身处荆棘之中,心不动,人不妄动,不动则不伤;如心动则人妄动,伤其身痛其骨,于是体会到世间诸般痛苦!

少一分抱怨,多一分自省

如果你不给自己烦恼,别人也永远不可能给你烦恼。

工作中,有很多人经常怨天尤人,就是不在自己身上找原因。实际上,一个人的失败是多种因素共同作用的结果,只有从多方面入手寻找失败的原因,并有针对性地进行自省,才能起到纠错的作用。

马明在一家大公司上班,他对自己的工作一点也不满意。一次,他对朋友愤愤地说:"我们老板根本不把我放在眼里,我在那里工作一点儿发展空间都没有。明天我就去找他,辞职不干了。"

"你对公司的业务完全弄清楚了吗?对于他们做国际贸易的窍门都搞通了吗?"他的朋友反问。

"没有。"

"君子报仇十年不晚,我建议你好好地把公司的贸易技巧、商业文书和公司运营完全搞清楚,甚至如何修理复印机的小故障都要学会,然后再辞职。"朋友说,"你把你们的公司当作免费学习的地方,等所有东西都学会了之后再一走了之,这样不是既有收获又出了口气吗?"

马明听从了朋友的建议,从此便默记偷学,下班之后也留在办公室研究商业文书。

一年后,朋友问他:"你现在学会了许多东西,可以准备辞职不干了吧?"

"可是我发现近半年来,老板对我刮目相看,最近更是不断委以重任,又提拔、又加薪,我现在都快成公司的红人了。"

"这是我早就料到的,"他的朋友笑着说,"当初老板不重视你,是因为你的能力不足,而又不努力学习。之后你痛下苦功,能力不断提高,老板当然会对你刮目相看。"

作为企业的员工,要想在工作中取得成功,必须适时清理一下内心的不满和抱怨,经常自查自省,把负面的因素扔进"垃圾桶"。

很多人可能会有类似经历,在某些节骨眼上,工作却出了差错,这是上司的责任还是自己的责任?其实,这是一个双方共同作用的结果。有时候上司会将责任推给你,纵使你万分委屈,可是不好发作,毕竟是自己的上司,还想"活下去"就只能忍气吞声。但是,这不是唯一的方法。此时,就应该吸取教训,总结经验,以免以后发生类似的事件。

当然,这个时候也不能一味地逃脱责任,应该多思索和反省自己这方面的过失与责任。这是一个员工自我成长和完善的过程,同时也是对一名优秀员工的衡量标准。好的上司看重的是员工犯错后的表现,而能忽略过去的小过失。

一个员工的自我反省和虚心学习往往比多加班、假装忙碌的状态更能博得老板的好感。

孔子曰:"吾日三省吾身。"人要学会反省,要善于从失败中去寻找一些新的意义,这样失败才会变得有价值。

管理大师德鲁克认为,不管是个人还是企业,每做一件大事时,就要将实际目标与预期目标作比较,找出做得好的、做得不够的和要舍弃的。分析做得好的,就要继续发扬;做得还不够的,就要想办法改进;完全没有效果的,就要舍弃掉。

一个人只有停止抱怨,不断地反省,才会不断地提高。一个人进步的能力、学习的能力,就体现在他自我反省的能力上。

欲望太盛心难静

这是一个极具诱惑力的社会,这是一个欲望膨胀的年代,人们的心里总是塞满着欲望和奢求。追名逐利的现代人,总是奢求穿要高档名牌,吃要山珍海味,住要乡间别墅。行要宝马香车。一切都被欲望支配着。

法国杰出的启蒙哲学家卢梭曾对物欲太盛的人作过极为恰当的评价,他说:"10岁被点心、20岁被恋人、30岁被快乐、40岁被野心、50岁被贪婪所俘虏。人到什么时候才能只追求睿智呢?"的确,人心不能清净,是因为欲望太多,欲望的沟壑永远填不满,人心永不知足,没有家产想家产,有了家产想当官,当了小官想大官……精神上永无宁静,永无快乐。

伟大的作家托尔斯泰曾讲过这样一个故事:有一个人想得到一块土地,地主就对他说,清早,你从这里往外跑,跑一段就插个旗杆,只要你在太阳落山前赶回来,插上旗杆的地都归你。那人就不要命地跑,太阳偏西了还不知足。太阳落山前,他是跑回来了,但人已精疲力竭,摔个跟头就再没起来。于是有人挖了个坑,就地埋了他。神甫在给这个人做祈祷的时候说:"一个人要多少土地呢?就这么大。"

人生的许多沮丧都是因为你得不到想要的东西。其实,我们辛辛苦苦地奔波劳碌,最终的结局不都是只剩下埋葬我们身体的那点土地吗?伊索说得好:"许多人想得到更多的东西,却把现在所拥有的也失去了。"这可以说是对得不偿失最好的诠释了。

其实,人人都有欲望,都想过美满幸福的生活,都希望丰衣足食，这是人之常情。但是，如果把这种欲望变成不正当的欲求，变成无止境的贪婪，那我们就无形中成了欲望的奴隶了。在欲望的支配下，我们不得不为了权力，为了地位，为了金钱而削尖了脑袋向里钻。我们常常感到自己非常累，但是仍觉得不满足，因为在我们看来，很多人比自己的生活更富足，很多人的权力比自己大。所以我们别无出路，只能硬着头皮往前冲，在无奈中透支着体力、精力与生命。

扪心自问，这样的生活，能不累吗？被欲望沉沉地压着，能不精疲力竭吗？静下心来想一想，有什么目标真的非让我们实现不可，又有什么东西值得我们用宝贵的生命去换取？朋友，让我们斩除过多的欲望吧，将一切欲望减少再减少，从而让真实的欲求浮现。这样，你才会发现真实的，平淡的生活才是最快乐的。拥有这种超然的心境，你就能做起事来，不慌不忙，不躁不乱，井然有序。面对外界的各种变化不惊不惧，不愠不怒，不暴不躁，而对物质引诱，心不动，手不痒。没有小肚鸡肠带来的烦恼，没有功名利禄的拖累。活得轻松，过得自在。白天知足常乐，夜里睡觉安宁，走路感觉踏实，蓦然回首时没有遗憾。

古人云："达亦不足贵，穷亦不足悲。"当年陶渊明荷锄自种，但他能于利不趋，于色不近，于失不馁，于得不骄。

这样的生活，也不失为人生的一种极高境界！

人生好像一条河，有其源头，有其流程，有其终点。不管生命的河流有多长，最终都要到达终点，流入大海。

只要摆脱自卑，你也一定能

摆脱自卑，其实就是放弃丧失信心的自我。丧失自信一般可分为两种情况：一种是暂时性丧失信心，一种是与生俱来的自卑感。自卑感并非无法摆脱，就怕你不去摆脱。纵观世上，许多成功者都是在克服了自己的自卑心理后走向成功的。他们能，我们也一定能。

在摆脱自卑树立自信的过程中，我们要认清自己的自卑属于前面提到的哪一种，才能找到适合自己的方法。

获诺贝尔化学奖的法国科学家维克多·格林尼亚就是从前一种自卑走向成功的。格林尼亚出生在一个百万富翁的家庭，从小过着奢华的生活，养成了游手好闲、挥金如土、盛气凌人的放荡公子的恶习。凭着自己英俊的外表，阔绰的身价，任意地玩弄女人，直到遭到一次打击，他的人生才转变了方向。

在一次午宴上，他对一位从巴黎来的优雅美貌的女伯爵一见倾心，于是像见了其他艳丽女人一样追上前去。这次，他遭到了冷言冷语："请离我远一些，我最讨厌被花花公子挡住视线！"女伯爵的轻视与讥讽，第一次使他在众人面前羞愧难当。此刻，他觉得自己是那样渺小，那样龌龊不堪，那样被人厌烦，一种强烈的自卑感油然而生，他的另一个自我被唤醒了。

他含羞离开了家庭，只身来到里昂，在那里隐姓埋名，开始走上求学之路。他进入里昂大学做了插班生，并且不再参加任何社交活动，整天在图书馆和实验室里苦读。他的钻研引起有机化学权威菲得普·巴尔教授的注意，开始给他指点。在名师的指引和自己不懈的努力下，终于发明了"格式试剂"，并且发表了200多篇学术论文，被瑞典皇家科学院授予1912年度诺贝尔奖。

是打击唤醒了维克多·格林尼亚的自卑心理，而这种自卑心理驱使他改变自己，抛弃过去的自我，开始一个新的自我，最终战胜自卑，从一种沉迷的人生走向一种成功的人生。

人要对自己充满信心，告诉自己：我是最好的！同时不能过于随心所欲，人要学会自控。其实成功者之所以成功，并没有太多的秘诀，除了要学会自控外，有时只不过比常人思路宽广一些罢了。凡事多转个念头，非但不会浪费时间，反而会使自己对未来更安全的把握，从而更加容易达到成功的彼岸！

如何化解人生"七苦"

金庸先生曾概括出人生有"七苦"，生、老、病、死为"四苦"，其余"三苦"分别是："冤家会""爱别离""求不得"。

生之所以是一苦，因为一个人从呱呱落地起就开始了吃苦。成长过程中苦味会越来越浓。懂事以后先要尝"十年寒窗苦"，接着为落榜而"苦闷"，为谋生而吃苦，为生计而奔波劳苦。年老以后，又会为去日无多而苦恼。病自然是苦的。生病时不但要忍受药之苦，还要忍受身体之病痛，心灵之烦恼。死代表着生命的终结，人生最苦莫过于死。如果不肯放下心中惦念的名与利，更是苦不堪言。

"冤家会"是苦的。冤家碰头，分外眼红，怒火中烧，岂能不苦？不是冤家不聚头，假如冤家刚好是你的邻居，那你将不得安宁。你要睡觉他练鼓，你要读书他练嗓，或是将垃圾丢在你家门口，或是任由爱犬把你家门口当厕所。如果你以忍为上策，心中自然是苦；如果你与之理论，激怒冤家，更是"苦海无边"。

自古多情伤离别，与心爱的人分手，哪有不苦之理？别离苦，分手后相思更苦。古人曾经写过大量有关别离的诗句，可以说每一句都充满苦味，王维说"劝君更尽一杯酒，西出阳关无故人"，就连离别时的酒都有苦味。

世人痴情于名利，不惜牺牲健康、人格去换取，如若"求不得"，肯定是痛彻肺腑。即使有幸得之，要么提心吊胆，要么不知足，这山望着那山高，自然也是苦的。

对待人生"七苦"，最好莫过于知足，知足才能常乐，任何事情都适可而止，命里有时终须有，命里没莫强求。把生命的重心放在生活的过程中，而不是追求本身，在生活的大道上，一边观赏一边前行，而不是为了到达某一梦寐以求的终点，这样的人生便不再有苦味，便会有畅快淋漓、如沐春风之感。

印第安人酋长曾对他的臣民们说："上帝给每一个人一杯水，于是，你从里面体味生活。"生活确实是一杯水，杯子的华丽与否显示不了一个人是贫乏还是富有。但杯子里的水，清澈透明，无色无味，对任何人都一样。接下来你有权力加盐，加糖，只要你喜欢。

你有欲望，不停地往杯子里加水，或者加糖，但必须适可而止，因为杯子的容量有限。啜饮的时候，你要慢慢地体味，因为你只有一杯水，水喝完了，杯子便空了。

生活当中，该有多少人为了让自己的这杯水色香味俱佳而无谓地往里面加各种各样的佐料。诸如爱情、友情、金钱、喜、怒、哀、乐等等，所以都感觉活得非常"苦"。然而，只要你适度地、有选择地放入调料，你的生活便会过得有滋有味。

学会宽容，忘记仇恨

古希腊神话中有一位大英雄叫海格里斯。一天他走在坎坷不平的山路上，发现脚边有个袋子似的东西很碍脚，海格里斯踩了那东西一脚，谁知那东西不但没有被踩破，反而膨胀起来，加倍地扩大着。海格里斯恼羞成怒，操起一条碗口粗的木棒砸它，那东西竟然膨胀到把路堵死了。

此时，山中走出一位圣人，对海格里斯说："朋友，快别动它，忘了它，离它远去吧！它叫仇恨袋，你不犯它，它便小如当初，你侵犯它，它就会膨胀起来，挡住你的路，与你敌对到底！"

我们生活在茫茫人世间，难免与别人产生误会、摩擦。如果不注意，在我们轻动仇恨之时，仇恨袋便会悄悄成长，最终会堵塞了通往成功之路。

如果所有美德可以自选，我们就先把宽容挑出来吧。也许平和与安静会很昂贵，不过拥有宽容，我们就可以奢侈地消费它们。宽容能松弛别人，也能抚慰自己，它会让我们把爱放在首位，万不得已才动用恨的武器；宽容会使我们随和，把一些人很看重的事情看得很轻；宽容还会使你不至于失眠，再大的不快，再激烈的冲突，都不会在宽容的心灵里过夜。于是，每个清晨，我们都会在希望中醒来。一旦我们拥有宽容的美德，我们将一生收获笑容，收获别人的爱。

一个真正有爱心的人，懂得用一颗宽容的心去对待周围的人和事。宽容不但是做人的美德，也是一种明智的处世原则，是人与人交往的"润滑剂"，是一种表达爱的特殊方式。常有一些所谓厄运，只是因为对他人一时的狭隘和刻薄，而在自己的前进路上自设的一块绊脚石罢了；而一些所谓的幸运，也是因为无意中对他人一时的恩惠和帮助，拓宽了自己的道路。

我们生活在一个越来越不忽视功利的环境里，但倘若太吝惜自己的私利而不肯为别人让一步路，这样的人最终会无路可走；倘若一味地逞强好胜而不肯接受别人的一丝见解，这样的人最终会陷入世俗的河流中而无以向前；倘若一再地求全责备而不肯宽容别人的一点瑕疵，这样的人最终宛如凌空在太高的山顶，会因缺氧而窒息。

曾有人把人比喻为"会思想的芦苇"，因为弱小易变，因而情绪的波动，随时都在改变对事物的正确了解。人非圣贤，就是圣贤也有一时之失，我们何以不能宽容自己和别人的失误？宽容并不意味对恶人横行的迁就和退让，也非对自私自利的鼓励和纵容。谁都可能遇到情势所迫的无奈，无可避免的失误，考虑欠妥的差错。所谓宽容就是以善意去宽待有着各种缺点的人们。因其宽广而容纳了狭隘，因其宽广显得大度而感人。犹如水一样，以自己的无形而包容了一切的有形。

要知道宽容犹如冬日正午的阳光，能让别人心田的冰雪变成潺潺细流。一个不懂得爱的人，一个不懂得宽容别人的人，会显得狭隘，会苍老得更快；一个不懂得对自己宽容的人，会因把生命的弦绷得太紧而伤痕累累，抑或断裂。

每一个人都值得你尊重

当你想起一个很好的方案时，一时高兴直接越级报告，这时候不管你的方案做得多么优秀，即使得到了领导的认可，你也输了一半，因为你的越级显示出对你顶头上司的不尊重。此时你的荣耀遮掩了上司的光芒，这样只会让你在以后的工作中渐入窘境。

在工作中要想与上司和谐相处，除了要服从上司的工作安排外，关键问题还一定要请示你的上司，表现出足够的尊重。不越位的心理基础就是对上司的尊重。只有谦虚守礼、尽心尽力，才能得到领导的看重、关心和爱护，上下级关系才能做到良性互动，才能更为融洽和谐。

南齐的王僧虔楷书造诣极高，许多官宦人家都以悬挂他的墨宝为荣。一时之间，流传着一种说法：王僧虔楷书不输王羲之，乃当今天下第一！

当朝皇帝齐太祖萧道成素来爱好书法，对僧虔的盛名一向很不服气，于是下旨传僧虔入宫"比试"。在大臣、随从的簇拥下，君臣二人屏息凝气，饱蘸浓墨，各自挥毫写下一幅楷书。搁笔之际，齐太祖头一扬，双目紧紧盯住僧虔，问道："你说我们两人，谁第一，谁第二？"

僧虔额头冒出了冷汗，皇帝的书法虽有一定功力，但毕竟称不上炉火纯青。可是这位自负的皇帝又怎会甘心居于人后？昧着良心说谎，承认皇上技高一筹，固然不会得罪人，但这样的事僧虔根本不屑去做。

僧虔沉吟片刻，突然朗声长笑："臣心中已有分晓。臣的书法，大臣中排名第一；而皇上的书法，绝对是皇帝中的第一！"齐太祖闻听此话，先是一怔，继而很快理解了僧虔的良苦用心，他为自己留足了面子，又不失其气节。齐太祖不由得哈哈大笑，僧虔也松了口气。

尊重能够增进你与上司之间的感情，化解矛盾冲突，赢得上司的好感，美化自己在其心目中的形象。尊重上司才能得到上司的尊重。出于对齐太祖的尊重，僧虔才会在众目睽睽之下保全其威风，而不是傲慢地指出皇帝不如自己。

一般而言，上司在方方面面都应比下属高出一筹，如工作经验丰富，有较强的组织、管理能力，看问题有全局观念等，也有一些上司具备一些个性方面的优点，如性格直爽、办事果断、工作细心等，这些都值得下属尊重和学习。人无完人，上司一样会有缺点，会犯错误，这是无法避免的。这时，有些下属就会觉得上司水平太低，表面服从，心里却缺乏尊重，甚至顶撞、抢白上司，时时处处表现出自己高出上司一等。缺乏对上司最起码的尊重，会使自己与上司的关系严重恶化；何况，不尊重他人本身就是缺乏修养的表现，更会导致同事的轻蔑和不满，这样的人在一个集体中是最不受欢迎的。

当然，尊重不是无原则地讨好、献媚，奉承会让上司放松自律之念，滋生骄傲情绪，也会让整个集体弥漫着一股不正之风。当上司有这样或那样的不足时，要掌握分寸巧妙地提醒、善意地规劝。做一个好的下属，对上司应该是敬而不谀。

不怕孤独，能帮你成就未来

净心守志。可会至道。

看清自己，成功不等于成长

人们都重视成功，追求成功，理所当然地认为成功是人生最重要和最直接的目标，但对于成长却总是有所忽视。事实上，成功只是一个名词，不同的人所定义成功的标准也不尽相同，就好像一千个人眼中有一千个哈姆雷特一样；而成长却是一个人随着时间流逝不断加深的圆满和成熟，它前进的脚步永无止息。因此，当你取得或大或小的成功时，请看清自己：成功只是一个阶段性的胜利，成功并不等于内在的真正成长。

　　成功是指你的努力有所回报，你的投入产生了效益。什么时候你认为自己成功了呢？你实现了既定的目标，你的某种愿望实现了，你把事情办成了。也就是说，成功更多是从结果来定义的，比如你想发财，结果你的投资得到了回报，你赚钱的目标实现了；或者你的目标是毕业后进入世界五百强企业，经过努力，你面试成功了……可是成功真的就是你自身能力、心性达到圆满的证明吗？

　　池塘边有一个废弃的三层小楼，一群青蛙常去那里玩耍。一天，一只青蛙提出比试一下胆量和技巧，看谁能从顶楼上安全地跳下来。第一只跳下来的青蛙不幸地在泥地上摔伤了脑袋，青蛙们都有点害怕了。这时一只个头比较小的青蛙站到了楼顶，它准备试一次。这只青蛙下跳的时候，正好楼前刮起了一阵旋风，青蛙被旋风裹挟着抛到了楼前的草地上，虽然仍是摔得头晕眼花却毫发无伤。青蛙们都欢呼起来，这个小青蛙也十分得意："我是真正的成功者！我是一只从三楼上跳下来也不会受伤的青蛙！"一时间小青蛙成了池塘里的英雄。

有一天，青蛙们在恭维小青蛙的胆量和无与伦比的跳楼技巧时，得意的小青蛙决定再当众表演一次。于是它又站到了楼顶，池塘里的居民们都围在楼前等着见证奇迹。小青蛙跳下来了！

"啪！"太糟糕了，这一次没有旋风、没有草地，小青蛙摔在了水泥地上，一条后腿也摔断了。

我们不否认小青蛙很有勇气，但小青蛙之所以能够取得"成功"，在很大程度上还是依靠了旋风和草地的帮助。而在生活中我们也可以看到，人的成功其实需要有很多条件的配合，其中任何一个条件都会对成功与否产生影响，甚至是决定性的影响。

从主观上说，有的成功只是因为多一点耐心，多一份坚持，多一份认真，多一份努力而终成正果；有的失败只是因为少一点耐心，少一份认真，少一份坚持，少一份努力而半途而废。

从客观上说，有的成功只是因为多一点运气，多一点天时地利，多一点天生优势和外力支持运作而成；有的失败只是因为少一点运气，少一点天时地利，少一点天生优势和外力支持而功亏一篑。

因此，成功是让人欣喜、让人兴奋的。但成功不过是一个人的需要在某种场合和某个时期达到了一种平衡，而这种平衡是短暂的，可能瞬间即逝，并不断被打破。成功在很多时候是难以把握的，因为你的需求永无止境。幸好，就像自然科学复杂的现象后面总是存在着永恒的定律一样，错综复杂、不断变化的成功表象背后，也隐藏着一个可以掌控的恒在，那就是成长。

与成功更多地依靠外界条件配合不同，成长意味着你自身的强大。它意味着你可以控制自己的情绪，管理自己的时间，掌控自己的人生；它意味着你更好地爱自己，更好地理解别人的爱，更好地爱别人；它意味着你有更宽广的胸怀来容纳世事，有更睿智的眼光去看清迷途，有更坚定的信念去固守责任……

成长就是要去了解人的本性及社会的本质所在，从生活的苦辣酸甜中不断地提炼人生哲理，让自己更好地立身处世，更好地驾驭自己的欲望。不可否认，欲望是社会进步的原动力，也是个体成功的原动力。可是，人的心灵负荷是有限的，当一个人的心灵被过盛的欲望占领时，他的意念就会模糊，他的目标就会迷离，他的意志就会动摇！在人生的关键时刻，如果不懂得节制自己的欲望，而是听任它蹿出来扰乱自己的心智，蒙蔽自己的心灵，拖累自己的心力，沦陷自己的追求，等待我们的只能是欲望的陷阱。

　　成长就是正确面对成功和失败。人的一生中总会遇到高峰与低谷，也正是因为如此，人生才会这么丰富美妙。对于一个人，尤其是刚走上社会的年轻人来说，人生的低潮是无法避免的成长代价。考场失利，求职失败，人际关系不顺，被领导或亲朋批评责备，失去恋人，等等，所有这些在过来人看来不过是谁都会遇到的挫折和失意。而对年轻人而言，每一次都是重创。普通人，特别是普通的年轻人，当然很难修养到心如止水、宠辱不惊的境界，但只要人生的大方向还在自己的控制之下，就还有重整旗鼓的希望。面对挫折和失败，只要心中的灯塔不灭，实现自我价值的追求不改，就能最终抵达幸福的彼岸。

　　总之，成功可能是难得的辉煌和荣耀，但是它也常常是短暂的；而成长则是逐步强化的不可复制的独特的生命意识，是人性的逐步回归，是宽容之心的与日俱增，是个人才能的日臻圆满。一个人可以没有成功，但不能没有成长。成功不等于成长，成长远大于成功。

用专注的心成就你自己

晚清中兴名臣胡林翼说:"凡办事皆须神情贯注。若心有二用,则不能有成。"一个专注的人,必然不会因周围的事物分心。一个人的精力和时间本来是很有限的,如果选不准目标,到处乱闯,几年的时间会一晃而过。如果想取得突破性的进展,就该像学打靶一样,迅速瞄准目标。

我国近代著名文学家梁实秋曾断断续续用30多年的时间独自完成了《莎士比亚全集》的翻译工作,投入了几乎半生的精力。开始,梁实秋共物色了5个人担任翻译,他和闻一多、徐志摩、陈西滢、叶公超,计划5~10年完成。后来,另外四人因事离开,梁实秋只好一个人把任务承担下来。抗日战争爆发后,为了躲避日寇的通缉,他不得不逃离北京,在极其艰苦的环境下,继续进行对莎翁剧作的翻译。抗战胜利后,梁实秋回到北京,在北京师范大学任教,课余之暇,他依然坚持对莎翁剧作的翻译。1967年,由梁实秋独立翻译的莎士比亚37部作品的中文译本全部出齐,在国内大学界引起了轰动。

梁实秋的成功,得益于他对这一工作的执著精神,得益于他一心一意的投入。任何事情都需要投入,要想成就大事就要锲而不舍地投入。

要专注我们首先就要发现工作或做事的兴趣所在。人只有在做自己感兴趣的事情时精神才会高度集中。爱迪生在实验室里可以两天两夜不睡觉,可是一听音乐便会呼呼大睡。可见,注意力与兴趣有着直接的关系。越感兴趣的事情,对人的刺激越大,兴奋程度就高,注意力也更容易集中。另外,善于排除外界因素的干扰,也是我们提高注意力的一个重要方面。

一心一意地专注于自己的工作,是每一位有志之士获得成功不可或缺的品质。

你的孤独无人可替

人在受到较大刺激后,如果能独自一人认真反思,就会蓦然发现真正的自我,就能重新评价、认识、接纳自己,平衡自己的心理,建立一个属于自己的心灵空间,然后再面对新的生活。

有一位刚刚退休的妇女，一场意外事故夺去了她丈夫的生命。这突然的打击对她来说太沉重了。她和丈夫的感情很好，丈夫就是她的一切，在他们打算一起度过晚年时光的时候，他却离她而去。以前，因为生活的繁忙，他们没有时间和机会去更好地享受生活，本想在退休后手挽手一起描绘人生的最后华章。天不遂人愿，她无法面对这样残酷的现实，她选择了去天堂陪伴丈夫，生生死死都要在一起，幸亏家人发现得早，她才又获得了一次生的机会。

当她清醒过来，看着多日未修整的长发、面容憔悴的独生子，哭红了双眼且双手还在不停地揉着她那条因输液而酸麻的胳膊的儿媳妇，听到儿子祈求般地说："我们刚失去爸爸，不能再失去妈妈呀！"她的心被强烈地震动了，泪顺着眼角的皱纹流淌下来。

她感激这几天来看她、劝她、安慰她的亲朋好友，但是总希望早点结束探视时间，好让她独处一段，去追忆往事，考虑今后的生活……她知道有些事情是谁也帮不了的，只能是自己帮自己，调整好自己的情绪，自己给自己拿主意。经过一段时间的独处，她好像这时才真正认识了自己，才感觉到自己的价值，清楚自己的位置。当最好的朋友一个多星期后同她告别时,已能从她的眼睛中看到那自信、刚毅的目光。

　　独处是一种状态。人只有在安静平和的环境中,才能发现人生的真正境界。独处能够使人们脱掉心灵的面具,是人生航程中的小小避风港。当你感到痛苦,茫然不知所措的时候,就在这里缓一缓,稍稍喘一口气,平复一下自己的心情,再以新的姿态重新投入。它会使你更加自信,更加充实。

　　独处是一种美,只要你有意识地面对自己,自己和自己对话,自己寻找自己,就会觉得坦然和充实。我们需要经得起挫折,耐得住寂寞。

回归初心，见证人生的美丽

▷ ▶ 回归初心就是返璞归真,找到自己原本的好奇心、善心、简单心、如同婴儿一般纯净的心。忘了这些初心的人,常常会说,"悔不当初",后悔当初违背本真之心迈出错的一步。只要不忘初心,不断修正自我,就能够见证人生的美丽。

有一颗归零的初心

佛法无多子,长远心难得,学道如初心,作佛也有余,始终总不变,真是大丈夫。

大不了从头再来

在美国,有一位穷困潦倒的年轻人,即使在身上全部的钱加起来都不够买一件像样的西服的时候,仍全心全意地坚持着自己心中的梦想,他想做演员,拍电影,当明星。

当时，好莱坞共有500家电影公司，他逐一数过，并且不止一遍。后来，他又根据自己认真拟定的路线与排列好的名单顺序，带着自己写好的量身订做的剧本前去拜访。但一遍下来，所有的500家电影公司却没有一家愿意聘用他。

面对百分之百的拒绝，这位年轻人没有灰心，从最后一家被拒绝的电影公司出来之后，他又从第一家开始，继续他的第二轮拜访与自我推荐。

在第二轮的拜访中，500家电影公司依然全部拒绝了他。

第三轮的拜访结果仍与第二轮相同。这位年轻人又开始他的第四轮拜访，当拜访完第349家后，第350家电影公司的老板破天荒地答应愿意让他留下剧本先看一看。

几天后，年轻人获得通知，请他前去详细商谈。

就在这次商谈中，这家公司决定投资开拍这部电影，并请这位年轻人担任自己所写剧本中的男主角。

这部电影名叫《洛奇》。

这位年轻人的名字叫西尔维斯特·史泰龙。现在翻开电影史，这部叫《洛奇》的电影与这个日后红遍全世界的年轻人皆榜上有名。

很多时候，我们自认为"不走运"，于是伴随我们的可能是消极抑郁、悲观绝望情绪。"假如生活欺骗了你",事情的结局太出乎我们预料,对自己打击太大,不妨反复吟诵"牢骚太盛防肠断,风物长宜放眼量"的佳句,笃信"乐极生悲"、"苦尽甘来"的哲理,不要忧愁、不要悲伤、不要心急,更不要凄凄惨惨戚戚。

应该知道,世界上有许多事情,是没法尽如我们心意的。同时,我们个人的力量,也是有一定限度的,不要把这些不尽人意的事情变成我们的困扰,学会把它们当成人生道路上必须要跨越的沟沟坎坎。

在这个世界上,有阳光,就必定有乌云;有晴天,就必定有风雨。从乌云中解脱出来的阳光比从前更加灿烂,经历过风雨的天空才能绽放出美丽的彩虹。人们都希望自己的生活中能够多一些快乐,少一些痛苦,多些顺利,少些挫折。可是命运却似乎总爱捉弄人、折磨人,总是给人以更多的失落、痛苦和挫折。此时,我们要知道,困境和挫折也不一定会是坏事。它可以使我们的思想更清醒,更深刻,更成熟,更完美。

别人的路不是自己的路,选择自己的道路,可以凭自己的兴趣,或所学习的专业去选择,也可以在工作中,在生活中去发现适合自己的道路。

选准自己的道路,然后持之以恒地走下去。即使遭遇挫折失败，也不要放弃，不要气馁，告诉自己：大不了，可以从头再来。

每天想象自己从零开始

做一个成功者，有一个必不可少的条件——就是要有每天坚持的精神。也许有人认为自己已经很强大，不会担心任何困难，但是当真正的困难来临的时候，他们还是会变得手足无措。因此，我们不妨这样想象，每天我们都是从零开始的。

日本的中田修就是一切从零开始的开拓者。

中田修曾到美国军队当过仆役。做过黑市小贩、印刷公司职员，走马灯似的换了十几次工作。不是被辞退，就是工作不顺心，经常流浪街头。一次，他徘徊在东京的一条街巷，感到万念俱灰，决定自杀以结束自己的无限烦恼和痛苦。这时候，仿佛冥冥之中有神向他伸出了援助之手，他无意瞥见了附近有一块写着"垒泽设计研究所"的招牌，这块招牌唤醒了他当初想做与设计有关的事情的愿望。他终于打消了自杀的念头，决心从零开始创立设计学校。

原来，中田修在印刷公司工作时，就被公司设计师优厚的待遇迷住了。为了摆脱饥饿，中田修下决心做个设计师，开一家属于自己的公司。当时并没有学习设计的学校，中田便利用工作的方便，把设计公司的作品带回家研究，自学设计方面的书籍，坚持了半年，终于学会了设计技术。

在放弃了自杀念头后，中田修认真地想办法去完成自己的心愿。没有雄厚的资金，他通过"读者栏"招收学生，开始只办"周日教室"。以后又租借公共场所作为教室，以容纳更多的学生。为筹措办学资金，他向阪隐公司的经营办法学习，把"前金制"引入学校的建设之中。所谓"前金制"就是预收款。慢慢地，一个正式的设计学校就成形了。

到1959年4月，"东京设计所"在大阪成立。起名"东京"，是为了纪念东京那间挽救了中田修性命的设计所。后来，在中田修苦心经营下，"东京设计所"终于成了日本一流的设计研究所。

即使已经取得了成功，中田修也没有知足，他时刻告诫自己，公司每天都应从零开始。

不管任何时候，我们都不要以为自己很强大，已经达到成功的顶峰。坚信自己每天都是从零开始的，才会让我们产生勇往直前的勇气。

生活中有很多美好的东西，很多东西我们不深入，就体会不到它的好处。要多培养一些爱好，如养花、钓鱼、下棋、旅游、收藏等等，它不仅使我们的人生更丰满，而且能排挤我们的压力，使我们的生活更加丰富多彩。

我们不应该给自己这么大的压力，只要自己努力了就好！我们也不应该那么固执，或许一切随缘会更开心，也许会得到不一样的结果，不是自己想的就是最好的，只有最适合自己的才是最好的！而我们也没有自己想像中的那么老，我们还年轻！

试着用一颗童心去感受生活

相对成年人来讲，儿童可说是最懂得享受幸福的专家了。而那些能够保有童心的成年人，更可称得上是一个懂生活的艺术家。在这个复杂喧闹的社会中，能保持年轻人特有的幸福精神与要旨是相当难得而宝贵的。如果要拥有永远的幸福，我们就不能够让自己的精神变得衰老、迟钝或疲倦，我们要始终以一颗单纯的心去面对生活。

有位老师问她7岁的学生："你幸福吗？"

"是的，我很幸福。"她回答。

"经常都是幸福的吗？"老师再问道。

"对，我经常都是幸福的。"

"是什么使你感觉幸福呢？"老师继续问道。

"是什么我并不知道。但是，我真的很幸福。"

"一定是有什么事物才使得你幸福的吧？"老师继续追问着。

"是啊！我告诉你吧！我的玩伴们使我幸福，我喜欢他们。学校使我幸福，我喜欢上学，我喜欢我的老师。还有，我喜欢上教堂，也喜欢主日学校和其中的老师们。我爱姐姐和弟弟，也爱爸爸和妈妈，因为爸妈在我生病时关心我。爸妈是爱我的，而且对我很亲切。"

老师认为在她的回答中，一切都已齐备了——和她玩耍的朋友（这是她的伙伴）、学校（这是她读书的地方）、教会和她的主日学校（这是她做礼拜之处）、姐弟和父母（这是她以爱为中心的家庭生活圈)。这是具有极单纯形态的幸福,而人们最高的生活幸福莫不与这些因素息息相关。

真正的幸福是很简单的,它就存在于我们生活中的每一个细微之处。这些简单平凡的"小幸福"要有一颗纯真、质朴的童心才能够体会得到。成功学大师戴尔·卡耐基在其《快乐的人生》中记载了自己的一次关于简单幸福的体验:

有一次,我与一个和睦的家庭共同度过一个难忘的夜晚。次日清晨,我们在餐厅内共进早餐。这个餐厅最为别致之处就在于它四周的墙壁分别挂有男主人童年成长的乡村景观图片。图片中除了一一反映男主人的童年生活外,还有高低起伏的丘陵、暖阳照耀的山谷、涟漪荡漾的小河……图片让人仿佛感受到小河中的水在静静地流淌着,尤其在阳光之下更显得闪闪发亮。清澈的水流攀缘着岩石,在弯弯曲曲的径道中曲折而行。河流旁边不规则地散落着许多小房子,而房子的中间耸立着外型如塔状高尖的教堂。

当大伙用过早餐之后,男主人欣然指着壁上的画,对大家讲起他从前的快乐回忆:"我偶尔坐在餐厅中,看着壁上的画,不禁置身于往事之中。譬如,想起小时候的我总爱赤着脚在小溪中走来走去,即使时日已远,但我仍然清楚地记得在我脚下的那些泥土是多么的细软纯洁。夏天时,我们在小河边钓鱼;春天时节,我们则坐着木板从丘陵上一路滑下去。"

"在童年的记忆中,最令我难以忘怀的还有那个高高尖尖的教堂……"这位男士满脸洋溢着微笑说着:"教堂里时时会举办盛大的布道会。尽管当时我什么也听不懂,只会静静坐着,但是现在想来,这也不失为一项幸福的回忆。现在,父母虽然均已永眠于教堂旁的墓地;但是,在回忆中、在墓地旁,均能清晰地想起过去的甜蜜光景,而父母的叮嘱声音也仿佛近在耳边。有时,当我累了或精神紧张时,我便坐在这儿安静地观赏教堂的画,它让我重拾旧时那段纯真无瑕的时光,它真的能带给我和平的心灵!"

或许并非每个人都有这么美丽的童年回忆,但是每个人都可以拥有一颗质朴、纯净的心灵,当你为生活的忙碌和沉重而感到不堪重负的时候,不妨试着还自己一颗童心,这样你就可以远离都市的喧嚣,找到一份简单自然的心情。

最佳的生活状态是从零开始

无论是在生活还是工作中,我们常常会遭遇瓶颈,并为之苦恼,但是很少有人愿意舍弃自己从事的职业,转投其他事业。因为我们对于环境的转变有一丝恐惧,害怕重新开始,可是如果我们不能将自己的思维"掏空",不能给自己"换脑",我们就没有突破,甚至会因为苦恼而对工作产生厌倦。长此以往,就会对自己失去信心。

阜康钱庄的于老板过世之前,将自己的钱庄托付给了胡雪岩。为于老板守孝三个月后,胡雪岩正式接手了钱庄的生意。此时,他早已有了做别的买卖的打算,只是一时间不知道该如何下手。

19世纪50年代,大清王朝的生意一共有八种:粮、油、丝、茶、盐、铁、当铺和钱庄。杭州是一个大城市,开当铺的可能性不大,因为这样的生意多是针对穷苦人的,而杭州的百姓虽然不是个个是富翁,但是还不至于影响到生活。盐、铁两大行业,官府一直把得很严,不给私人发展的机会。相较之下,只有粮和丝的生意比较适合。

最初，胡雪岩看准了粮的买卖。当时，正是太平运动闹得最厉害的时期，清军与太平军两军对垒，谁的粮饷多，谁取胜的机会就大。所以，双方都在想办法收购粮食。胡雪岩正是从中看出了商机，才决定插手粮食买卖的。初期的投资，进行得还比较顺利，可是后来朝廷改变了"南粮北运"的策略，由官府直接在战场附近购入粮食，这就影响了胡雪岩的购粮大计。

王有龄得知了这个消息，赶紧前来安慰胡雪岩，让他放宽心。可是，当他到了胡家的时候，发现胡雪岩正在谋划转投生丝的生意，就赶紧说："不用沮丧，虽然利润有所减少，但并不是一点都赚不到的，相比从前，这已经是很好了。"胡雪岩听了，反而笑道："我没有因为利润的减少而沮丧，而是准备放弃粮的生意了。当一个领域的买卖遭到瓶颈的时候，不能死守着不放，而是应该大胆地放弃从前，重新开始。我现在只想把精力都放在生丝的投资上。"

王有龄听后，很是佩服。

没错，在一个领域里遭遇瓶颈，没有办法更进一步发展的时候，就应该大胆地告别从前，重新开始。尽管舍弃从前熟悉的领域是艰难的，可是如果死守着一个没有发展的领域，只会浪费更多的美好时光。

哈佛大学校长到北京大学访问的时候,讲了一段自己的亲身经历。

有一年,校长向学校请了三个月的假。然后告诉自己的家人,不要问他去什么地方,他每个星期都会给家里打电话报平安。

校长只身一人,去了美国南部的农村,尝试着过另一种全新的生活方式。他到农场去打工,去饭店刷盘子。在田里做工时,背着老板躲在角落里抽烟,或和工友偷懒聊天,这都让他有一种前所未有的愉悦。

最有趣的是最后他在一家餐厅找到一份刷盘子的工作,干了四个小时后,老板把他叫来,跟他结账。老板对他说:"可怜的老头,你刷盘子太慢了,你被解雇了。"

"可怜的老头"重新回到哈佛,回到自己熟悉的工作环境后,觉得以往再熟悉不过的东西都变得新鲜有趣起来,工作成为一种全新的享受。

这个"可怜的老头"厌倦了在哈佛日复一日的校务工作和程式化的交际,为了改变这一现状,他抛开哈佛校长的光环,从零开始生活。从而抛弃了以往心中所积攒的不少"垃圾",

让自己的内心真正归零。

从某种意义上说,当一个人的发展遭遇某种瓶颈时,可以"归零"的方式放弃从前。关上身后的那扇门,你会发现另一片美丽的花园,找到另一番工作的激情和生活的乐趣。

二十几岁的年轻人要知道,人在职场,职业倦怠、激情丧失,似乎是永远也绕不开的话题。每过一段时间、每到一个阶段,当感到一种难以摆脱的压抑和烦躁后,可以向那位哈佛校长学习,适当地将现状归零,换种方式前进,或许是个不错的选择。

与生活简单相处,阳光生活

人本是人,不必刻意去做人;世本是世,无须精心去处世。

简单的生活溢满快乐

当代作家刘心武曾说:"在五光十色的现代世界中,应该记住这样古老的真理——活得简单才能活得自由。"

简单是一种美,是一种朴实且散发着灵魂香味的美。简单不是粗陋,不是做作,而是一种真正的大彻大悟之后的升华。

住在田边的蚂蚱对住在路边的蚂蚱说:"你这里太危险,搬来跟我住吧!"路边的蚂蚱说:"我已经习惯了,懒得搬了。"几天后,田边的蚂蚱去探望路边的蚂蚱,却发现它已被车子轧死了。

——原来掌握命运的方法很简单,远离懒惰就可以了。

一只小鸡破壳而出的时候,刚好有只乌龟经过,从此以后,小鸡就打算背着蛋壳过一生。它受了很多苦,直到有一天,他遇到了一只大公鸡。

——原来摆脱沉重的负荷很简单,寻求名师指点就可以了。

一个孩子对母亲说:"妈妈,你今天好漂亮。"母亲问:"为什么?"孩子说:"因为妈妈今天一天都没有生气。"

——原来要拥有漂亮很简单,只要不生气就可以了。

一位农夫,叫他的孩子每天在田地里辛勤工作,朋友对他说:"你不需要让孩子如此辛苦,农作物一样会长得很好的。"农夫回答说:"我不是在培养农作物,我是在培养我的孩子。"

——原来培养孩子很简单,让他吃点苦头就可以了。

有一家商店经常灯火通明，有人问："你们店里到底是用什么牌子的灯管？那么耐用。"店家回答说："我们的灯管也常常坏，只是我们坏了就换而已。"

——原来保持明亮的方法很简单，只要常常换掉坏的灯管就可以了。

有一支淘金队伍在沙漠中行走，大家都步伐沉重，痛苦不堪，只有一人快乐地走着，别人问："你为何如此惬意？"他笑着说："因为我带的东西最少。"

——原来快乐很简单，只要放弃多余的包袱就可以了。

美国哲学家梭罗有一句名言感人至深："简单点儿，再简单点儿！奢侈与舒适的生活，实际上妨碍了人类的进步。"他发现，当他生活上的需要简化到最低限度时，生活反而更加充实。因为他已经无须为了满足那些不必要的欲望而使心神分散。

用过电脑的朋友都知道，在系统中安装的应用软件越多，电脑运行的速度就越慢，并且在电脑运行的过程中，还会有大量的垃圾文件、错误信息不断产生，若不及时清理掉，不仅会影响电脑的运行速度，还会造成死机甚至整个系统的瘫痪。所以必须定期地删除多余的软件，清理掉那些无用的垃圾文件，这样才能保证电脑的正常运转。

我们的生活和电脑系统的情况十分类似，现代人的生活过得太复杂了，到处都弥漫着金钱、功名、利欲的角逐，到处都充斥着新奇和时髦的事物。被这样复杂的生活所牵扯，我们能不疲惫吗？如果你想过一种幸福快乐的生活，就不能背负太多不必要的包袱，要学会删繁就简。托尔斯泰笔下的安娜·卡列尼娜以一袭简洁的黑长裙在华贵的晚宴上亮相，惊艳无比，令周遭的妖娆"粉黛"颜色尽失。所以去除烦躁与复杂，恢复生活的本真——简单，才能让我们的人生释放最美丽的光彩。

简单地做人，简单地生活，想想也没什么不好。人生可以是金钱、功名、出人头地、飞黄腾达，但能在灯红酒绿、推杯换盏、斤斤计较、欲望和诱惑之外，不依附权势，不贪求金钱，心静如水，无怨无争，拥有一份简单的生活，不也是一种很惬意的人生吗？毕竟，你用不着挖空心思去追逐名利，用不着留意别人看你的眼神。没有锁链的心灵，快乐而自由，想哭就哭、想笑就笑，虽不能活得出人头地、风风光光，但这又有什么关系呢？

心中有阳光，每天拥有一个全新的太阳

有一位伟大的音乐家说过："没有什么东西比演奏一件失调的乐器，或是与那些没有好声调的人一起演唱，更能迅速地破坏听觉的敏感性，更能迅速地降低一个人的乐感和音乐水准的了。一旦这样做以后，他就不会潜心地去区分音调的各种细微差异了，他就会很快地去模仿和附和乐器发出的声音。这样，他的耳朵就会失灵。要不了多久，这位歌手就会形成一种唱歌走调的习惯。"

在人生这支大交响乐中，你使用的是哪种乐器，无论它是小提琴、钢琴，还是你在文学、法律、医学或任何其他职业中表现的思想、才能，这些都无关紧要，但是，在没有使这些"乐器"定调的情况下，你不能在你的听众——世人面前开始演奏你的人生交响乐。

心灵的自由与和谐相当重要，心理失调对一个人的生活质量来说是致命的。那些极具毁灭性的情感，比如担忧、焦虑、仇恨、嫉妒、愤怒、贪婪、自私等，都是生活的致命敌人。一个人受到这些情感的困扰时，他就不可能将他的生活处理好，这就好像具有精密机械装置的一块手表，如果其轴

承发生故障就走不准一样。而要使这块表走得很准,那就必须精心地调整它。人体这架机器要比最精密的手表精密得多。在开始一天的生活之前,人也需要调整,也需要保持心灵非常和谐的状态。

人类对自然的征服可以说是登峰造极,然而我们的内心却陷入了一种从来没有过的惶恐之中。因为现代人已经再也找不到哪怕是片刻的宁静和从容,而且,伴随着人们对物质的欲望日益膨胀,人类社会也出现了看上去无法解决的一些问题。这加剧了人们的惶恐和不安,人们在努力寻找,企图找到答案。

但是,对于生活,不同的人有着不同的要求和理解。同样的境遇,有些人觉得是天堂,有些人觉得是地狱。

一个农夫躺在麦草垛里呼呼大睡,一个读书人见了,可能会觉得那个农夫非常不幸,家里没有地方躺,只好在这里凑合一下。

但是,那个农夫却未必这样看,他可能会觉得,自己在这里呼呼大睡,说明自己无忧无虑,这不是天堂是什么?

而这个读书人呢,有好衣服穿,有好茶饭吃,还有圣贤的书可读,照农夫对生活的标准,应该是非常幸福的了。可是，那个书生却不这样看，因为他觉得有红袖添香才好读书，那才是真正的幸福生活。

所以说，对于生活以及幸福，人们从来都有着不同的衡量标准。

应该说，人们对于生活的要求是无止境的，甚至人对物质的追求也是无止境的，但是这些东西最终带给我们的是患得患失的忧虑、压力和令人疲惫不堪的混乱情绪。所以说，人们追求复杂的生活，其实是得不偿失的，因为外界的诱惑和对物质的追求，使我们失去了内心世界的平静。

与我们内心的东西以及需要相比，外界的一切都是微不足道的，甚至是完全可以忽略不计的。因为我们对于生活的感受其实比生活本身更重要。

很多人都在紧张地忙碌着，却不知道自己是为什么而忙碌。或许，我们是担心在竞争的压力下我们失去了内心的安全感。于是，就产生了无事可做的恐惧感，所以，人们才急急忙忙地找事情做。

一些微不足道的小事能使一个思想状况不佳的人烦恼不已，但是根本无法影响一个心灵阳光的人。即使是出了大事，即使是恐慌、危机、失败、火灾、失去财物或朋友，以及各种各样的灾难，都不可能使他的心理失去平衡，因为他找到了自己生命的支点——心灵自由与和谐的支点，因此他不再在希望和绝望之间徘徊。

换一种活法，改变一下自己，我们也许就会找到生活的幸福和快乐。学会享受生活，经营心灵的自由与和谐，你就能够感受生命的伟大与自豪。

关注自己的优点

金无足赤，人无完人。每个人都是优点和缺点的混合体，你也许没有过人的口才，但是善于写作；也许没有领导的才能，但是善于配合。年轻人不要一味盯着自己的缺点，困在自己画的圈子内黯然神伤，应该看到自己的优点，经营自己的长处，积极地生活。

她站在台上，不时挥舞着她的双手仰着头，脖子伸得好长好长，与她尖尖的下巴扯成一条直线；她的嘴张着，眼睛眯成一条线，诡谲地看着台下的学生；偶尔，她口中也会咿咿唔唔的，不知在说些什么。她是一个不太会表达的人，但是，她的听力很好。只要对方猜中，或说出她的意见，她就会乐得大叫一声，伸出右手，用两个指头指着你，或者拍着手，歪歪斜斜地向你走来，送给你一张用她的画制作的明信片。

她就是黄美廉，一位自小就患脑性麻痹的病人。脑性麻痹夺去了她肢体的平衡，也夺走了她发声讲话的能力。从小她就活在肢体不便及众多异样的眼光中，她的成长充满了眼泪。然而她没有让这些外在的痛苦击败内在奋斗的精神，她昂首向前，迎接一切的不可能，终于获得了加州大学艺术博士学位。她把她的手当画笔，以色彩告诉人们"寰宇之力与美"，并且灿烂地"活出生命的色彩"。全场的学生都被她不能控制自如的肢体动作震慑住了，这是一场倾倒生命、与生命相遇的演讲会。

"请问黄博士，"一个学生小声地问，"你从小就这个样子，你怎么看你自己？有没有怨恨过？"大家的心一紧，这孩子真是太不成熟了，怎么可以在大庭广众之下问这样的问题，太伤人了，大家都很担心黄美廉会受不了。"我怎么看自己？"美廉用粉笔在黑板上重重地写下这几个字。她写字时用力极猛，有力透纸背的气势。写完这个问题，她停下笔来，歪着头，

回头看着发问的同学,然后嫣然一笑,回过头来,在黑板上龙飞凤舞地写了起来:

一、我好可爱!

二、我的腿很长很美!

三、爸爸妈妈这么爱我!

四、上帝这么爱我!

五、我会画画!我会写稿!

六、我有只可爱的猫!

……

忽然,教室内鸦雀无声,没有人敢讲话。她回过头来看着大家,再回过头去,在黑板上写下了她的结论:"我只看我所有的,不看我所没有的。"

掌声由学生群中响起,黄美廉倾斜着身子站在台上,满足的笑容从她的嘴角荡漾开来,她的眼睛眯得更小了,有一种永远不被击败的傲然写在她脸上。

大家不觉两眼湿润起来,看着黄美廉写在黑板上的结论:"我只看我所有的,不看我所没有的。"每个人都想,这句话将永远鲜活地印在自己心上。

我们每一个人都是不完美的,生活也是不完美的,对于自己的缺陷不要耿耿于怀,要敢于直面不完善的自我。

无论你处于什么地位，年龄有多大，都要学会容纳自己的不完美，实事求是地看待自己，才能从自身条件的不足和所处不利环境的局限中解脱出来，去做自己想做的事。这样的态度才能迎接幸福的到来。

多给自己积极的心理暗示

曾经有一个这样的实验，发生在1960年时候，由哈佛大学的罗森塔尔博士在加州一所学校所做。当时，新学期开学伊始，该校的校长对两位教师说："根据过去三四年来的教学表现，你们是本校最好的两位教师。为了奖励你们，今年学校特地挑选了一些聪明的学生给你们教。记住，这些学生的智商比同龄的孩子高许多。"校长再三叮咛，要像平常一样教他们，不要让孩子或家长知道他们是被特意挑选出来的。

这两位教师非常高兴，更加努力教学了。一年后，这两个班级的学生成绩是全校中最优秀的。知道结果后，校长如实地告诉这两位教师真相：你们所教的这些学生的智商并不比其他的学生高。这两位教师哪里会料到事情是这样的。

随后,校长又告诉他们另一个真相:他们两个也不是本校最好的教师,而是在教师中随机抽出来的。

这两位教师相信自己是全校最好的老师,相信他们所教的学生是最好的学生。这种积极的心理暗示,才使教师和学生都产生了一种努力改变自我、完善自我的进步动力。这种企盼将美好的愿望变成现实的心理,这就是心理暗示的作用。

心理暗示是我们日常生活中最常见的心理现象,它是人或环境以非常自然的方式向个体发出信息,个体无意中接受这种信息,从而做出相应的反应的一种心理现象。暗示有着不可抗拒和不可思议的巨大力量。

成功心理、积极心态的核心就是自信主动意识,或者称做积极的自我意识,而自信意识的来源和成果就是经常在心理上进行积极的自我暗示。

心理暗示这个法宝有积极的一面和消极的一面,不同的心理暗示必然会有不同的选择与行为,而不同的选择与行为必然会有不同的结果。有人曾说:"一切的成就,一切的财富,都始于一个意念。"你习惯于在心理上进行什么样的自我暗示,就是你贫与富、成与败的根本原因。两种截然不同的心理上的自我暗示，关键就在于你选择哪一面，经常使用哪一面了。

每个人都应该给自己以积极的心理暗示。任何时候，都别忘记对自己说一声："我天生就是奇迹。"本着上天所赐予我们的最伟大的馈赠，积极暗示自己，你便开始了成功的旅程。拿破仑·希尔给我们提供了一个自我暗示公式，他提醒渴望成功的人们，要不断地对自己说："在每一天，在我的生命里面，我都有进步。"暗示是在无对抗的情况下，通过议论、行动、表情、服饰或环境气氛，对人的心理和行为产生影响，使其接受有暗示作用的观点、意见或按暗示的方向去行动。

积极的自我暗示，能让我们开始用一些更积极的思想和概念来替代我们过去陈旧的、否定性的思维模式，这是一种强有力的技巧，一种能在短时间内改变我们对生活的态度和期望的技巧。

也就是说，可以通过有意识的自我暗示，将有益于成功的积极思想和感觉，撒到潜意识的土壤里。并在成功过程中减少因考虑不周和疏忽大意等招致的破坏性后果，全力拼搏，不达目的不罢休。

所以，如果你能通过想象不断地进行积极的自我暗示，你就很有希望会成为一个杰出者。

失去多少不要紧，要紧的是你要能找回失去的自己

若能自识本心，念念磨炼；莫住者，即自见佛性也。

社会在前进，心灵却已荒芜

现代人总是太忙，干什么都是来也匆匆，去也匆匆。大人们忙升官，孩子们忙升学，青年人忙充电，老年人忙爬山，男人忙，女人忙……真是举国上下一片忙。当时间的列车突

然急刹车，忙得不可开交的人们突然一下子闲了下来，许多人会有同一种如同晕车般的感觉，那就是内心空虚。

有句话叫"失之东隅，收之桑榆"，我们的处境证明这句话反过来说也是正确的，在整日不得闲的时候，我们忽略了生命中最重要的东西——快乐。我们整天忙着赚钱，在物质财富得到极大丰富的今天，住在装饰得如同皇宫般金碧辉煌的钢筋水泥结构中，各种娱乐设备应有尽有，却总感到丢失了点什么，总感到心里特别空虚，总感到生活如同死水一样没有生气，如同没放盐的饭菜一样没有滋味。我们只顾着经营身体赖以寄存的有形的家，却把心灵的家园荒芜了——我们把"心"丢了。而心是人的主宰，是人区别于动物的唯一身份证明。马牛是没有"心"的，它们奔波劳碌，方才换得一把粮草，终其一生，都是为了粮草而活。如果人的行为离开"心"的正确指导，如果人的心灵家园荒芜，仅为了衣食而奔波，与动物又有何差别呢？

于是乎有人到处寻找自己丢失多时的"心"，寻找昔日的感动与激情。有人去歌厅、舞厅寻找，有人到酒场上寻找，甚至有人动用高科技手段到网上找，可最终都一无所获。一味在物质世界里寻求无异于缘木求鱼；一味在名声、权力、财富、享乐中寻觅，只能使心灵更加荒芜。

有人百思不得其解，为什么自己整天吃山珍海味、生猛海鲜，却不如天天背着窝头爬山的老年人活得充实；为什么两口子穿戴都是名牌，却不如穿粗戴俗的老年人夫妻恩爱，过得有滋味。其实，老年人生活充实而富有激情也没有什么秘方。正如他们所说"我亦无他，唯心细耳"。如果我们真能和老年人一样闲暇时种竹浇花，下班后夫妻双双牵手把家还，饭后到公园散散步。我们也能像以前一样感到充实，感到有激情，感到生活的乐趣，也能找回自己丢失的"心"。俗话说："踏破铁鞋无觅处，得来全不费工夫"，快乐其实就在我们身边，只不过我们没有用心体会罢了。

生活中的情调要靠自己去创造，与其苦苦地去追寻，不如先细心体会眼前实在的快乐。乐趣并不在远处，就在眼前，何必舍近求远？我们往往在山间海崖追寻青鸟，却不知青鸟就在窗前。

心闲岁月长,你要学会忙里偷闲

我们每个人都要生活,吃喝拉撒睡是必然少不了的事情。经常听人说他忙,难道这些事情能够省略掉吗?所以说,很多时候人的忙,只是心忙。所以不妨试着让自己闲下来,试着改变自己那种急急忙忙的生活习惯,你会发现你的生活会大不一样。

比如当我们下班赶着回家做家务时,不妨提前一站下车,花半小时,慢慢步行,到公园里走走,或者什么都不做,什么也不想,就是看看身边的景色,放松一下自己的心情,肯定会有意想不到的效果。

有一位猎人看到一件有趣的事情。有一天,他偶然发现村里一位十分严肃的老人与一只小鸡在玩说话游戏。猎人好生奇怪,为什么一个生活严谨、不苟言笑的人会在没人时像一个小孩那样快乐呢?

他带着疑问去问老人,老人说:"你为什么不把弓带在身边,并且时刻把弦扣上?"猎人说:"天天把弦扣上,那么弦就失去弹性了。"老人便说:"我和小鸡游戏,理由也是一样。"

生活也一样,每天总有干不完的事。但是,我们有没有仔细想过,如果天天为工作疲于奔命,最终这些让我们焦头烂额的事情也会超过我们所能承受的极限。

尤其是当今社会,生活节奏不断加快,"时间"似乎对每个人都不再留情面。于是,超负荷的工作给人造成不可避免的疾患。

因为人们的生活起居没了规律,所以职业病、情绪不稳、心理失衡甚至猝死等一系列情况时有发生,给人们生活、工作及心理上造成无形的压力。

这时,需要我们换一种心情,轻松一下,学会放下工作,试着做一些其他的运动,以偷得片刻休闲,消去心中烦闷。记得有一位网球运动员,每次比赛前别人都去好好睡一觉,然后去练球,他却一个人去打篮球。有人问他,为什么你不练网球?他说,打篮球时我没有丝毫压力,觉得十分愉快。对于他来说,换一种心态,换一种运动方式,就是最好的休闲。

我们每天行色匆匆,为了生存、为了生活而奔波劳碌。当今社会形势瞬息万变,随着生活节奏的加快,争时间、抢速度已成为市场经济这个大环境中的普遍现象。

小义在一家知名外企工作，现在他怀疑自己得了健忘症。和客户约好了见面时间，可搁下电话就搞不清是10点还是10点半；说好一上班就给客户发传真，可一进办公室忙别的事就忘了，直到对方打电话来催……小义感觉自从半年前进入公司后，陀螺一样天旋地转地忙碌，让他越来越难以招架，快撑不住了。"那种繁忙和压力是原先无法想象的，每人都有各自的工作，没有谁可以帮你。我现在已经没什么下班、上班的概念了，常常加班到晚上10点，把自己搞得很累。有时想休假，可假期结束后还有那么多的活，而且因为休假，手头的工作会更多。"他无奈地向朋友诉苦。

其实，在实际工作当中，类似于小义这种情况时常发生，尤其是在外企拿高薪的工作人员。

据有关统计，在美国，有一半成年人的死因与压力有关；企业每年因压力遭受的损失达1500亿美元——员工缺勤及工作心不在焉而导致的效率低下；在挪威，每年用于职业病治疗的费用达国民生产总值的10%；在英国，每年由于压力造成1.8亿个劳动日的损失，企业中6‰的缺勤是由与压力相关的不适引起的……

如此说来，不妨忙里偷闲，心闲岁月长，万法由心起，万事从心灭。去海滨、名山休假不是每个人都能办到的，但学会忙里偷闲，作片刻休息，则人人都能做到。

忘记过去，重新开始

时间是往前走的，我们也不能因为有了辉煌的昨天就忘记了今天的跋涉，已经取得的成就或者已经遭受的损失都是过去的事情了，要学会忘记过去，让自己重新开始，整装出发，抓住今天才是最关键的。

被世人尊称为"现代管理之父"的彼德·德鲁克曾说过一句很重要的话：管理者要集中精力做好一件事，一条原则是不让"昨天"影响"今天"，将不再具有生产性的"昨天"甩掉。

过去的始终是过去的，没有必要沉溺其中，无论过去你怎么优秀，如果不能继续努力，最终还是只能平庸过完一生；无论过去你怎么不顺利，只要你愿意努力，坚持自己的梦想，今天总会比昨天进一步，相信明天的你将比今天更加优秀。

综观芸芸众生，有谁能一生都活得春风得意，一帆风顺，无波无澜？没有。成人世界的背后总有残缺，命运就如一叶颠簸于海上的小舟，时刻会遭受波涛无情的袭击。"万事如意"只不过是美好的祝福而已，在活生生的现实面前它总是显得如此苍白无力。因此，我们应学会忘记，忘记过去生活中不如意事带给我们的阴影。只要退一步想一想，给人类带来光明的太阳也有黑子，给我们以阴柔之美的月亮也有阴晴圆缺，我们就能渐渐忘记昨天生活给我们带来的阴影，坦然地面对今天的太阳，微笑着迎接明天的生活。

只要你愿意去改变，只要你不被昨天牵绊。请相信，过去的苦难并不可怕，可怕的是你失去了面对苦难的心。只要你能够怀着乐观的心态，从过去中领悟，获取新的力量。当亮丽的思想在今天被打开时，我们会说，原来昨天也会是一段历史，发生过的一切事情其实已经变得不再重要了。我们在和自己的较量中成长起来了，在心灵那个最大的战场上，我们闯了过来。如果，一味沉醉于昨天的成功或昨天的失败，我们便很可能会输掉今天的努力。